| 博士生导师学术文库 |
A Library of Academics by
Ph.D.Supervisors

论文写作引论

丁云龙　著

光明日报出版社

图书在版编目（CIP）数据

论文写作引论 / 丁云龙著 . -- 北京：光明日报出版社，2024.5
ISBN 978-7-5194-7983-1

Ⅰ.①论… Ⅱ.①丁… Ⅲ.①论文—写作 Ⅳ.①H152.3

中国国家版本馆 CIP 数据核字（2024）第 106647 号

论文写作引论
LUNWEN XIEZUO YINLUN

著　　者：丁云龙	
责任编辑：陈永娟	责任校对：许　怡　李学敏
封面设计：一站出版网	责任印制：曹　净

出版发行：光明日报出版社
地　　址：北京市西城区永安路 106 号，100050
电　　话：010-63169890（咨询），010-63131930（邮购）
传　　真：010-63131930
网　　址：http：//book.gmw.cn
E - mail：gmrbcbs@gmw.cn
法律顾问：北京市兰台律师事务所龚柳方律师
印　　刷：三河市华东印刷有限公司
装　　订：三河市华东印刷有限公司
本书如有破损、缺页、装订错误，请与本社联系调换，电话：010-63131930

开　　本：170mm×240mm	
字　　数：124 千字	印　　张：11
版　　次：2024 年 5 月第 1 版	印　　次：2024 年 5 月第 1 次印刷
书　　号：ISBN 978-7-5194-7983-1	
定　　价：85.00 元	

版权所有　　翻印必究

前　言

一本书，总得有前言后序。前言，要交代的是写这本书的目的。简要絮叨几句，让读者理解所以然，也是我辈学人理当恪守的默契。

写作这本书的第一个初衷是为学生。做了几十年教员，深知学习不易，是一份苦差事。学生不易，老师指导学生也不易。学生学习是一个创造过程，教师传授知识何尝不需要创造？创造，大都要面临"无中生有"，在荒芜中开辟绿洲，本身就像是置身于某种"前无车，后无辙"的困境。倘若在教与学过程中有一些过来人的经验，哪怕是失败的经验，哪怕是用来批判，也不失为一种借鉴。我在这里提供的绝不是劝诫用的规训，而是融合许多前辈经验的"诫具"。

写作的另一个初衷是为了纪念。在构思这本书的过程中，我的博士论文指导教师——东北大学远德玉教授仙逝。震惊之余，脑子里面充满昔日门下接受教育的点点滴滴。老师给我留下的"念想"太多，一时无从忆起，于是便暗中较劲，完成这本书，用以纪念老师。毕竟，这本书中所写的许多内容受惠于老师，得自老师的传授和点拨。我在纪念老师的一篇《师如父》文章里比较详细地记录了这些收获。谨把这篇回忆录作为前言，表达对老师的纪念和敬仰！

2023年2月11日接到友人消息，老师病危，午夜噩耗接踵而至，先师①驾鹤西去。春节期间，在微信朋友圈看到家人为老师和师母90大寿庆生，甚是欢愉。3周过后，便匆匆上路，竟是天人永隔。

打开Word文档，一片空白，踟蹰数日，神智忽明，蹦出3个字：师如父。父亲之于孩子，为稻粱谋，教习说话，指导做事，修正行为；老师之于学生如果做到了这些，履行父亲职责，甚至远远超出了父亲所

---

① 东北大学讣告：东北大学科技哲学研究中心教授、博士生导师远德玉同志，因病医治无效，于2023年2月11日22时20分逝世，享年89岁。远德玉教授1934年4月13日出生于辽宁省台安县，1953年毕业于阜新煤矿学校，并于同年考入东北工学院（现东北大学）采矿专修科学习。1955年毕业留校后从事思想政治工作，先后担任过党委干事、专业党支部书记、东北工学院院刊副主编、东北工学院出版社社长等行政职务。1985年晋升为教授，1993年被评为博士生导师，1992年起享受国务院颁发的政府特殊津贴，在此期间曾任东北大学技术与社会研究所副所长。远德玉教授为东北大学哲学社会科学的繁荣和发展做出了卓越贡献；作为东北大学科学技术哲学学科的开拓者之一，他培养了一大批中青年学者，为中国技术哲学的发展做出了重要贡献。

为，这就是师父的本原内涵。只传经验和技艺的，是师傅；引人上进，带路前行的，是师父。一字之差，内涵迥别。

一、教说话

1999年年初，攻读博士学位入学伊始，老师问我毕业去向，毕业做教师。在社会延宕磨砺了10年，没有更新奇的其他选项。老师说："那就给我助课吧。"时值老师正给企业进修人员讲授"企业技术创新"，每周两次课。

问老师的第一件事，有讲义吗？老师很直接地回答，没有。没有讲义怎么讲课？课后，老师说，讲课是从有字到无字的过程。讲课的极境是，纸上无讲义，黑板上无文字，慢慢积累吧。

问老师的第二件事，没讲义还要把课讲好，咋讲？"你先听。"几次课下来，有了直接体会，就像老师总结的那样：把新知识、新思想用自洽的逻辑表达出来，略现文采，就是一堂好课。

"把想的说出来"，首先，要解决的是要有想出来的东西，没有新东西，不要胡乱讲课，尤其要抱定一门课，从一而终，一以贯之，逐渐积累，凝练自己的所思所想，给出明晰判断，条陈证据，结合做过的课题，增加事实事件含量。其次，在言之有物的基础上，熟悉说话过程中的逻辑。讲3遍以后即可脱稿，熟悉了逻辑，现场发挥，进行二次创造，课程一定精彩。

讲课是教师的第一要义，讲不好课恰如农人种庄稼，秋后颗粒无收，日子咋过？

课讲过几轮，慢慢有了感觉。老师告诫，教员是一种职业，职业要有操守。守住一门课日积月累，实时更新，就有可能成为"精品课"。切忌同时讲授多门课程，人的思维大多数时候是单向度的，一个时期做好一件事就可以"出凡入胜"。教员这个行当没有神仙，只有踏实勤勉才可能做得不错。

恪守教诲，面对讲课，我至今仍然战战兢兢。尤其是不敢开设新课，总是担心讲不好，总是感觉有一双眼睛在背后注视！

二、写文章

"如何把文章写好"是一个久远的话题，"把文章写好"则是一个现实的紧迫问题。追随老师多年，获益最多的是写文章的方法论。说话与写作可以看作同样的事。"把说的写下来"，即为文章。当然，口语与书面语不尽相同，在言语的初级阶段二者有着明显区别。就像听一个小孩子日常讲话，如果用书面语，感觉怪兮兮的。但到了一定境界，好文章是返璞归真的，口语即文章。

1. 言之有物

有段子说，人学习说话用了 2 年时间，学习不说（闭嘴）用了一生。说与不说、写与不写，关键在于说什么、写什么，而不在于说不说、写不写。非常羡慕那些能够连篇累牍地"说与写"假大空话语的人，洋洋洒洒，慷慨激昂，滔滔不绝。更为要命的是，竟然遵循一定的逻辑，偶尔带着修辞，诗词曲赋歌，杂然赋流形。

入学 1 年后，请教老师，文章咋写。"你想了一些什么事？有什么没想开的？""把自己想明白的用文字表达出来，就是文章。"

几年过后，渐有所悟，所谓的事，即事实事件，那些包含内在冲突、纠纷、矛盾的事，就是"出了事儿的事"，即问题。问题是科学研究的起点，做研究要培养问题意识，面向问题，"没事找事"。

去哪里找"事"？比较。比较就是"说长道短""吹毛求疵""搬弄是非"。

通过阅读资料，在比较中发现一些问题有争议，或者根本就没解决，自己尝试给出判断，形成自己的研究假设。然后，寻找事实依据和理论依据。这就是在做研究，整理成文字就是文章。

写文章要言之有物。物就是事实事件，一方面是"出了事儿的事"，另一方面给出的判断要有事实依据。

2. 说人话

在老师主持的学术前沿讨论课上，老师主张回到原点，多读原著，不要或者少看别人咀嚼过的东西。"哲学书很难看懂。我到现在也看不懂海德格尔的《存在与时间》。但是，能看懂一点，有了自己的理解，就入门了。"

一般人理解，哲学书确实不好读，好像哲学家在故意装神弄鬼，愚弄众生。诚然，每一个学科和领域都有自己的语言风格与传统。哲学，往往因为过于抽象，少有现实指称对象而难于理解。也不尽然，历史上不乏一些有影响力的哲学家所使用的书面语言充满日常用语。

老师主张"真理即常识"。文章是给人读的，不是写给神的颂歌。写文章要说人话，用最朴素的语言表达最为深刻的道理，就是好文章。

初次听老师讲解"技术过程论"，非常惊讶。作为独立的研究对象，技术是过程性存在。技术在动态演进过程中，有构思与设想，有生产技术和产业技术等不同形态。不同形态的演进性转化表现为创新，是

5

一个思想化物和对象化的过程。技术过程论包含技术形态转化论。

世间万物，即生即灭，无论占据空间是大是小，大抵受时间驱动。没有时间的存在是神，只存在于观念之中。技术也同样，受时间驱动，当然是一个过程，似乎是不言自明的。经济学家、管理学家根本就不会料理这个看似常识的不是问题的问题。

但是，对企业而言，把技术作为一个过程打开，人们能够看到原来奉为定论的一些判断是谬论。第一，技术不是给定值。很多企业到大学和科研院所找技术，尤其是期望通过购买解决技术瓶颈问题。技术如果是给定的，当然可以一劳永逸。问题是，这只是臆想，企业很难判断自己买到的是哪一种形态的技术。一时的技术供给无法维持竞争优势，技术在演进，自己必须有吸收能力和二次创新能力，才能买其所值。进一步说，竞争优势和垄断利润不是买来的。所以企业必须内生自己的技术能力，引进技术才有意义。第二，技术匹配程度影响高新技术应用。既然技术有不同形态，导入的技术与企业原有技术系统就存在着匹配的问题。没有一个产品只含有一种技术，多技术耦合在一起形成一个制造产品的技术系统，一两项技术突破严格意义上不能叫作创新，创新是技术系统的演进。第三，在技术选择过程中，追新求高到底是不是正确举措？在加工中心和数控单元几乎普及的大趋势之下，奔驰车零件加工厂不乏老式皮带机床。高技术高风险，新技术新匹配，匹配不好，还要承担高风险，显然不是理性选择。一味追求高新技术而无视技术匹配或者叫作耦合度是一种谵妄。

由是观之，技术过程论蕴含着一系列具有现实意义的大问题。我之所以惊讶，是因为一个看似常识的问题，在老师的思维里，包含着如此之多的现实关照，因而构成了一个哲学问题：打开技术黑箱，在演化中将技术过程论和技术形态论结合起来透视技术。顺延这个思路，我找到了博士论文选题，产业技术的演化问题，既包含着哲学思考，又更多地关照现实问题。面向问题，尤其面向现实问题，导致我后来的20多年的教研工作转向管理学科。

在平实处起波澜，颠覆一些常识判断，说人话，这是做学问的预设性条件。

3. 写好一篇文章

2002年春季准备离开东北大学，北上哈尔滨。老师语重心长地告诫我两件事。一件是不要追求"上镜率"，不要变成媒体上的"知道分子"，上镜率一旦形成，变成了"嘴力劳动者"，学术生命就停止了。另一件是专心写好一篇文章，不要追求数量，数量多看似繁华热闹，实则滥竽充数者居多，最后湮灭无痕，不了了之。

谨遵教诲，不敢说所写的每一篇文章都有影响，但确属用心之作。写好一篇文章不易。本无七步成诗之才，只能亦步亦趋，精心打磨，斟酌每一个字，常做字词替换练习，直到不能再替换为止。

老师常说，文章看似是写出来的，其实未必。

"文章是想出来的"，通过思考，用自己的脑子进行思考，才能够产生原创性思想；"文章是设计出来的"，每一个学科都有自己的习惯，行文逻辑要按照这种习惯展开，而不是自以为是；"文章是改出来的"，我们既无曹植之才，又无司马氏如椽大笔，最好的办法就是老老实实修改。改到自己恶心为止，否则没必要拿出来恶心别人。

4. 写文章要坚持"稳、准、狠"

文章千古事，得失寸心知。

写文章是大事，一旦诉诸文字发表，就是公共物品。尽管再好的文章也会在时间维度上湮灭，但这不是敷衍的借口。认真写好一篇文章的关键是贯彻"稳、准、狠"原则。

稳，对社会科学研究而言，就是要坚持价值中立，减少或者不带有个人主观倾向进行表达。尤其不要带有情绪写论文，个人的喜怒哀乐、爱恨情愁之于论文不重要，写论文毕竟不是文学创作，纯客观的立场是好文章赖以立意的前提。入学后有一段时间，总用意象思考问题，写出来的东西好像是才华四溢。老师说，做研究不能带有情绪，想问题不能离地面有十米之距，去除个人的一些习惯，回到地面，回到人间。

准，是指看问题要抓住要害。总看一些细枝末节，会偏离宏旨要义。在读博期间研究资料，总是从一个线索跳到另外一个线索，于是感觉需要读的书太多，无从下笔。有一次老师问起我，怎么不动笔写东西，我把这种状态做了汇报。老师说，书是读不完的，熟烂的牛肉并不好吃。要学会"系疙瘩"，在细微处打住，把线索留下来，回到主要问题上，抓住要害，暂且不计其他。

狠，大体上是指给出的判断要明晰。不能用模棱两可的话做判断，写文章不是职场逢迎，油滑容易导致油腻。如果做个判断还要采用虚拟语气，文章大体上是不成功的。在是非上，是就是是，非就是非。是什么，直接表达出来。事实上，通过20多年的观察，老师说话有时候非常直接孤勇，给人感觉近于突兀。不隐瞒个人观点，直来直去，怎一个"狠"字了得。

5. 写文章需要锤炼学术境界

在我后续的教研工作中，每每遇到一些博士毕业后写文章难以为继，促使我思考，哪里出问题了呢？

偶然忆起老师说的一句话，写文章是过程中的产物，做研究是一生的职业，要锤炼学术境界。当时不明白学术境界为何物，有什么用。

大多数人认为学术境界是一种格局、一种见识，通过知识积累可以实现，这没什么问题。问题是学术境界如何提升呢？

提升学术境界的关键是区分具体的研究方法和方法论。做博士论文研究，要掌握一堆研究方法，无论数理的，抑或实证的，没有方法是写不出来论文的。连续写论文，不是简单地模仿与重复。尽管降龙十八掌可以越用越熟，用得多了，也会越来越没有新意。尤其是面对有些对手，降龙十八掌无论如何刚猛，都不好使，无法克敌，当然也就无法连续写出文章来了。

直白地说，方法论与方法的区别是，方法解决了"如何做"的问题，方法论解决的是"为什么这么做"的问题。就是说，方法论是对方法的二次审视。一种具体的方法在解题过程中为什么好用，为什么这么用，这些问题是方法论所要关注的。"论"是一种概括与抽象，通过审视具体招式的合理性，在一般性层面进行提炼。

举例来说，你在做实验，我在观察你在干什么，以及为什么这么干。自己在写文章，一定要有"第三只眼睛"（可以叫作"上帝之眼"）审视自己在干什么，这样做合理吗。不知道自己在做什么，类似于拉磨之驴，看似有进步，实则绕圈圈。事实上，方法论是一种方法及其应用的自觉意识，引入上帝之眼进行自我审视。

引入上帝之眼时时省视，经过长期训练，提升学术境界。

三、正修行

离开东北大学到哈尔滨10年左右，一度在饭局酒场流连忘返。夫人看着着急，想到一个好办法，"找人管管你"，她给老师打电话"告状"。老师在电话里跟我说："道理你都懂，不说了，考验的是你的毅力。"其后，陆续戒掉了。我倒无意表扬自己一直是听老师话的好学生，而是老师一直主张阳明先生的知行合一。知行合一，大体上不是"知道的就要贯彻执行"，知和行不是两个独立的范畴，知和行不是一定要对等，一定要统一。知行合一的含义是，要将行向前延伸到知，知是行的一个初始环节，"一念起，万恶生"。所以圣人提倡修心性，伟人主张"狠批私心一闪念"。在认知层面、在自我意识层面解决问题才是根本。

老师一生几乎没有"敌人"，没有对立面，常说的一句话是，"与对手处成朋友是一个人的本事"，与朋友处成朋友，你不想往好了处，朋友自然与你相处。心中无敌，才可能化敌为友；目中无鬼，才能赶路夜行。老师的心力掌控着一种大境界。

记得离开东北大学之前，在老师的书房，老师认真地和我谈一个问题，劝诫我一生不要"当官"，做好一个教员，就是了不起的成就。知子莫若父，知徒莫若师。老师对我性情的把握比我自己还清晰。2000

年提前留校任教不久，陈昌曙教授①提议我任东北大学技术与社会研究所所长，接陈老师的班。他找老师征求意见。老师直言不讳，丁云龙不适合做这项工作，由他来接班在一定程度上是"害他"，不如留他做全职教员。当时，陈昌曙教授已经68周岁了，在没有合适人选的情况下，我担下所长之职。事实上，正如老师所料，做了一年所长，因不善于处理关系，于2002年春夏之交携妻带子苍茫北顾，回到原点，入职哈工大。自此，尽管有多次机会出任行政干部，但几乎都未加深思，断然放弃，自然也就放弃了媒体曝光率和出镜率，踏踏实实把一件事做好——做教员。

四、人生姿态

1998年博士入学考试之后初见老师，老师时年64周岁。目测181厘米左右的身高，身姿挺拔，满头银发，衣着不奢但合体讲究，一体仙风道骨，恍若苏子临世。当时报考的是全日制博士，陈昌曙教授、关士续②教授都没有"计划内"名额。老师说："你就跟我读书吧！"

一语定乾坤，个人命运随之发生改变。

老师出生在辽宁省台安县一个富庶之家，用师母的话说，老师自小就是大地主家的二少爷，年少家境优渥，养成了一种独特的精神气质。

---

① 百度词条：陈昌曙（1932年7月生，2011年3月20日于沈阳逝世），中国技术哲学学科创始人，著名技术哲学家。湖南省常德市人，东北大学文法学院教授，国务院学位委员会第二、三、四届学科评议组（哲学组）成员，中国自然辩证法研究会副理事长。1954年东北大学采矿系毕业，1956年中国人民大学哲学研究生班毕业。

② 哈尔滨工业大学自然辩证法学科创始人，教授，1935年生人，现客居美国。当时，国务院学位办批复关老师在东北大学的科技哲学博士点招生。20世纪80年代中期，本人曾追随关先生读书3年，攻读硕士学位。

行为边界掌控，让渡分寸取舍，都是我辈难以企及的。老师注重穿衣戴帽，及至退休，一度引领东北大学老年着装潮流，自成一道别样风景。

　　50岁之后，我常以老师为标杆，但骨子里的东西还是学不到。尤其是"大境界"。老师和陈昌曙教授合作大半生，开创了东北大学技术哲学学科，合作无间，世人引以为奇。关士续教授曾戏言，东北大学技术哲学学科"一个槽子上拴了两头叫驴"。这不奇怪，奇怪的是竟然几十年间槽子未被踢翻，还人丁兴旺，俨然一摊堂皇事业。我自忖，这和老师的人生姿态有关，在取舍之间善于让渡，在缝补弥合之间成人之美。这是一种修炼，"夫唯不争，故天下莫能与之争"。

　　老师的格局和境界绝非吾辈远观能够窥探一二。在这种境界下，空生静，静生定，定生慧，慧至从容。老师提出并论证了技术哲学领域许多的原创性思想，尤以技术过程论为著。有原创性思想并成就一家之言，广被接受并赞许，是为"大家"。

五、谈生死

　　人生可能真的没什么意义，就看成一场苦修吧。

　　2022年夏，我因病入院动手术，术后悲观，与老师谈起海德格尔向死而生的问题。老师在微信中写道，"你我都是近期经历过生死关考验的人，从你的札记中我好像觉得你还没有从生死关的恐惧和忧郁中解脱出来，其实人生就是两句话：一是生而向死，生下来就是乘坐在通向死亡的列车上，死是必然的，何时死谁也不知道，因此又有第二句话，即向死而生，既然不知何时死，那就要在死前好好生活，高高兴兴过好当下的每一天，这就是生的意义，好好地玩，玩到最后一天，仅此而已。愿你把每一天都安排得充实"。

2022年下半年，一次通话时老师说，人的一生会遇到无数不期而遇的社会性事故，只有坚忍才能挺过去。过去了，海阔天空，那些事故变成了故事，人生也就圆满了。因袭"我—我们—我"链条，最后回到"我"，是社会交往的淡出，这是自然规律，准备过好老年生活吧！没有了事故，但故事还在延续。从我们到"我"，再到"吾"，即庄生所谓"吾丧我"，人还是要回到婴儿状态，回归本真，努力给世界留下一股清流和一份姿态。

在最困难的时候，我得到老师的安慰和鼓励。未曾想到，在我恢复过程中，老师弃世而去，西行仙游。

在人生最重要的关口，面临重大选择，有老师指点提携，这是一生中可遇不可求的天赐之缘！

之于我，老师把我带进门，送了远远一程，有师如父，幸莫大焉！老师累了，驾鹤西去。在人世，师缘已了矣。

还没有完了的是，西望天穹，遥远的一颗星在闪耀，慈爱的光洒满大地，大爱无疆！

丁云龙

二〇二三年八月十六日　定稿于大连

二〇二三年十一月九日　修改于深圳

写作缘起

论文写作有法可依

长期以来，在论文评审过程中，尤其是在管理学科的学位论文评审过程中，依据的是评阅人所拥有的"累积性经验"，年龄越长的评阅人经验越丰富，评价结果就相对客观一些。这些累积性经验大都具有"难言知识"的典型特征，即便尝试性地说出来，往往也是知其然而不知其所以然。

同样，在论文写作过程中，初学者通过阅读大量文献资料，通过模仿，以"醒悟"的方式逐步获得论文写作的经验。这个过程在多数人的体验中，漫长而无奈。很多时候，悟到了一种文体的写法而无法旁及其他。虽然硕士、博士毕业了，但依然觉得自己不会写论文。诸多类似体验令很多人迷茫，论文写作到底有没有一般性的规则和程序？

再者，导师在指导研究生攻读学位过程中，涉及的一个很重要的问题是指导学生到底要传授什么。推荐一些阅读文献，这是"鱼"；推荐研习一些具体的研究方法，这是装鱼的筐；最为关键的是要"授人以渔"，即论文写作的纲领。只有在纲领层面有所感悟并逐步形成经验，才能在日后的科学研究活动中进入佳境，才能够连续地产出一批不错的成果。

如何客观、公正、科学地评价学术论文，将难言知识明晰化，尽可能地转化成可以把持的"把柄"，是一个非常具有现实意义的课题。如果初学者能够获得一套论文写作的准则，哪怕是经验性的，也无异于学海上的一舸方舟，虽小，但可渡无涯之海。学生能够领悟研究纲领并获得独特的体验，可能算作研究生阶段学习的最大收获。

论文评价与写作本来就是一个问题的不同侧面，站在读与写的角度来说，其中隐含的一个重要问题是，论文写作的方法论。方法论不是具体的方法。具体的方法是说明性的，由如何去做的一些判定组成。粗略看来，方法论是因循因果关系而形成的某种思维方式，由一系列反思性判定组成，是隐含在叙事背后的因果逻辑。

一种方法解决一类特定问题，某一具体问题需要特定的具体方法及其组合进行求解。用某种方法去解题，如果能够成功，大体上能解决的是同类问题。我们在这里所说的论文写作有法可依，不是去求证某种具体的方法及其适用性，而是在一般层面上，即在方法论层面上检讨、省视论文写作的"范式"。讨论这个问题的意义有如下几点。

第一，为初学者写作学术论文圈定可参考、可执行的攀升规则。无论是硕士研究生，抑或是博士研究生，在从事学术研究过程中，写论文大都要从模仿开始。对可模仿对象进行选择需要评判规则。如果选择品质差的作为模仿对象，终究难成正果，找到品质高的模仿对象，写出高水平论文，无疑需要提高学术境界。评判规则是点滴积累起来的，评判规则不断攀升是提高学术境界的路径。为学生提供学术评判规则，既有利于学生提高阅读理解水平，又能够帮助学生建立学术写作的基准。

第二，为"新进入者"提供可凭依、可操守的评判规则。"新进入者"修习论文评价，很少有人主动告知，一般是面向长者言说，通过日积月累而成。由此获得的经验往往是碎片化的、间断式的。入职伊始如果能够获得系统的、明言性的，类似于手册样式的规则说明，无疑是有利于学术传承和学术进步的。

第三，为教研人员指导学生写作学术论文提供可参考的凭借。导师指导学生无外乎通过将自身治学经验迁移给对方，这种经验从来源上讲是单向度的，其本身就具有私密特征。学生能够接受多少，在很大程度上取决于学生的悟性。如果能够有第三方经验作为参考，突破感悟式知识传授方式，将其转变为一种明言知识传授过程，当然便于学生掌握，有利于学生快速成长。

这是本书选题的意义所在。为研究生写作论文，为"新进入者"评价论文，为导师指导学生写作论文，提供参照性规则。

目 录
CONTENTS

第一部分　基本预设

工程传统与人文传统 …………………………………… 3
公文体与学术体 ………………………………………… 6
稳准狠 …………………………………………………… 8
论文写作要坚持知行合一 ……………………………… 10
论文是写出来的吗 ……………………………………… 15
经济学与管理学的区别 ………………………………… 19
事实判断与价值判断 …………………………………… 22

第二部分　论文选题

问题是科学研究的起点 ………………………………… 25
什么是问题意识 ………………………………………… 27
问题诞生于比较之中 …………………………………… 29
面向问题：学术活动的取向 …………………………… 31
顶天立地：选题的价值追求 …………………………… 33
大问题与小问题：小题大做 …………………………… 35
真问题与假问题：理论制造问题吗 …………………… 37
数学与思想：对问题的逼近 …………………………… 39
创新决定问题研究的意义 ……………………………… 41
从问题意识到问题觉悟 ………………………………… 43

第三部分　论文构件

研究意义 ………………………………………………… 47
关键词 …………………………………………………… 49
论文大标题 ……………………………………………… 51
方法论与研究方法 ……………………………………… 54
文献综述 ………………………………………………… 56
摘要与结论 ……………………………………………… 61
参考文献 ………………………………………………… 63

第四部分　理论建构

理论及其功能 ····································· 69
拆　分 ··· 75

第五部分　关键词解析

体制、机制与模式 ································· 79
化 ··· 83
困　境 ··· 86
措施、对策与建议 ································· 88

第六部分　范文辨析

学术论文 ······································· 91
学术硕士论文 ··································· 96
专业硕士学位论文 ······························· 107
博士论文 ······································· 116

后　记 ··· 125

附录　研究报告 ································· 128

第一部分 01

基本预设

工程传统与人文传统

大致说来，在我国，管理学的教学与科研活动主要集中在高等院校。按照管理学学科置身的高等院校主体学科属性来划分，管理学学科的教研活动可以分为两大类，一类是综合性大学的，另一类是理工科大学的。从学科支援背景上看，综合性大学的管理学学科无论在课程安排上，还是在科研活动上，都比较浓厚地浸染了"人文特色"，姑且把综合性大学的管理学学科特色界定为"人文传统"；理工科大学的管理学学科一般依傍理工学科门类中的其他强势学科而建，因而这些学科在教学和科研上往往负载着相对浓重的工程特色，理工科大学的管理学学科也因此背负着"工程传统"。

上述两种不同研究传统所关照的问题层面是不同的，因而所倚重的研究策略与方法也有很大的不同。人文传统所关照的问题偏重于"大问题"，即那些在一定意义上是概念的、抽象的、宏观的问题，比如，公民社会是什么以及如何形成的问题，经济与政治体制改革过程中的"三公问题"（公平、公正、公开），这些问题大都涉及价值判断的要素，所用的研究方法有时过多地依靠定性方法，最终形成的理论解释框架也属于"大型理论";工程传统所关照的问题则偏重于"小问题",即具体的、微观的问题,比如,农村合作经济组织培育问题、政府决策支持系统问题、公共政策仿真与政策纠偏问题,这类问题更多地涉及选择、实施和操作等环节,所用研究方法更多地偏重于实证的、数理的和经验的方法。这类方法大量使用数学模型、统计分析,凸显了管理学研究的工程特色,随着 DEA、回归分析和大数据技术等方法被大量使用,这类研究的"技术含量"也越来越大,最终所形成的理论解释框架大都是针对特定问题进行的"点式"解释,所形成的结论也是针对一个或一类问题提炼而成的。

显然,针对大问题所形成的大型理论具有一定的"普适性",解释范围很广,但很可能是以牺牲解释深度为代价的。凝心聚力于微观层面的小问题,容易在具体问题上得到深入,通过建立因果关系模型,容易获得深刻见解,但所提炼出来的理论框架其解释范围受到局限。

由此可见,两种不同研究传统在关照问题层面上以及理论解释框架上是存在着很大差异的。如果一种理论怎么都能说得通,那么这种理论就不具备实证科学的价值了;同样,如果一种解释框架只能用一组概念诠释经验现象,而不能用因果关系模型进行演绎以及检验,那么这种理论离科学只能越来越远,离信仰更近一些。当然,仅仅依赖数学演绎,只见树木不见森林,也不过是另外一种"无大脑的实证主义",与概念游戏相比只不过是另一种形式的数学或数字游戏。这两种极端对管理学学科的发展都是不利的,在严格意义上讲,也都是缺少理论解释能力的。

尽管我们不能期望管理学的理论解释是完全解释,但是要克服理论解释的这种紧张关系，提升理论的解释能力，就需要从整合方法论体系上着手。借用 W. N. 邓恩在《公共政策分析导论》一书中的说法，所谓的方法论是指一整套关于生产、交流和评判、评估相关知识的标准、规则和程序，而所谓的方法论体系只不过是几套标准、规则和程序的集合体。在一个学科面对两种理论解释传统相互疏离的情况下，只有把规范研究与实证研究结合起来，融合人文传统与工程传统，才能够打通方法论体系。在理论解释的取向上，在"大理论"与"小理论"之间构建"中型理论"；在研究方法的取向上，试图在定性研究与因果关系模型之间寻求确定性联系，开创中间层面的方法论框架。

公文体与学术体

大多数人，在工作中离不开文字，离不开写材料。点灯熬油，煞费心力，伴随职业生涯的是文字。更有一些在职攻读专业学位的学员，其目的更为直接，通过系统学习提高写材料的水平。这是一个被漠视的问题，工作中我们写的东西是什么文体，通过研究生阶段的学习能够有所提升吗？

大多数从事实务性工作的人面对的材料都是公文体的，攻读学位以及做研究要写的是学术体的，两种文体有着密切联系，但在形式上也不尽相同。

公文体的东西随处可见，汇报材料、调研报告、管理办法之类的政策文件，等等。每年全国人大会议，国务院总理做的《政府工作报告》是最为典型的公文体代表作，需要详细品味，增加一字冗余，减少一字不达意，更换一字失之稳妥，堪称公文体杰作。公文体与学术体如何辨别呢？

第一，"说事"与说理。

公文体的东西是"说事"，描述、陈述事实；学术体的东西一定要说理。比如，《政府工作报告》的构成是，回顾过去的一年，本届政府在以下几方面取得了非凡成就。语气一转，尽管这样，还存在一些不足，本年度要完成的主要任务是……

从形式上看，今年要完成的任务为什么是这十件，而不是其他，依据何在？存在问题一笔带过，更没有分析成因。给人的感觉是，公文体的东西不像学术体的文章讲道理。

其实，一些大型组织、地级以上人民政府在年度工作报告形成之前，花费大量人力物力进行调研，在分门别类的调研报告中对成因以及做事的依据详加讨论。在此基础上形成的政府工作报告是讲道理的，只不过不在此文本中。而学术体的文章，必须此时此地讲道理，这是二者之间形式上的差别。

第二，霸气与文气。

公文体的文章其语气"霸气"十足，给人一种硬邦邦的感觉，"加大投入力度，改善民生"，有时主语都省略了，这是典型的动宾结构，说得有劲儿；学术体的文章要"有话好好说，有话慢慢说"，为了赏心悦目，偶尔还要添加修辞勾兑，看起来文气充沛。二者的这一分野在于"说事"是为了执行，说理是为了让人信服。驻足层面不同，语气自然不同。

无论哪一种文体，都要研究问题。公文体的东西写得好，不能简单地看作"凑文字、堆材料"，需要有理论积累，更需要脚踏实地进行调查研究。同样，学术体的东西也不是躲在书房里凭空杜撰，也要在实务基础上提炼。调查研究是二者的"共相"。

如果能够融合学术体写作经验，当然有助于提高公文体写作水平。大多数时候，一手公文体，另一手学术体，两手都要抓，两手都要硬。

稳准狠

写论文是一场挑战自己思维能力的思绪纷飞的战争。

稳、准、狠，是写好论文的前置性原则，站得稳，看得准，说得狠。

所谓的稳就是强调论文写作的客观性，在论文写作过程中坚持价值中立，不偏不倚，以客观事实为基准，实事求是。论文写作是一项学术研究，与诗歌创作、散文随笔写作迥然不同的是，学术研究在于明理，不宜感觉连篇，宣泄情绪。

有关学术研究的客观性是一个有争议的话题。有人认为纯粹的客观性是不存在的。在思维领域，"一穷二白"才能画出美丽图画只是传说，思想中无痕，笔下何来乾坤，没有立场何以驻足？有立场就有一定的倾向性。事实上，任何研究者在科学研究过程中都会囿于一定的立场，受限于一定的认知框架，带着"有色眼镜"看问题。这一点我们并不否定。问题是，在立场、框架和局限中剔除感觉和情绪等非理性因素，最大限度上体现客观性，才能站得稳，研究成果才能被更多的人接受。用情绪看问题，看到的大体上是一团乱麻。

看问题存在着一个认知逐渐深化的过程。经过持续不断的学习和知识积累，在大脑里面渐渐地形成一个认知框架，从无到有，从有到大有，读本科、攻读研究生就是在逐步打磨这个认知框架。每个人的认知框架都是专有的，认知框架是拿来用的，用以解决问题。问题是什么，需要看得准，所以"准头"，即准确性，才是打磨认知框架的训练目标。说得直白一些，人的一生大体上都在改变、完善认知框架，认知框架决定了一个人的业绩和成就。在校读书，只不过是系统完善认知框架的环节。

面对问题，站得稳，看得准，到了出手的时候，一定要"下嘴狠"。所谓的下嘴狠，并不是把话说到极端以期彰显"话力"，如果是那样，诅咒将法力无边，而是强调用确定性语言进行明晰表达。形成观点是要给出判断的。判断不能模棱两可，尤其不能加入一些"虚拟语气"式的句子，看似文绉绉，实则花哨，让人读起来不明就里，这种说法显然不是好判断。明晰判断强调的是，在形成判断的时候，要进行同义词、近义词替换练习，反复推敲，直到选出一个无法替代的词为止。以研究对象为疆界，以独一无二为命名原则，让人一看即知所指。

论文写作要坚持知行合一

大约在20年前,我带一批MPA学员到黑龙江省齐齐哈尔市东亚学团参观学习,一进校门就被校训石上的一行大字震惊到了:"把想的说出来,把说的写出来,把写的干出来。"一家民办职业技术类的院校,竟然有如此气魄,如此接地气,神来之笔!令我久久难以平复的是,想的都能说出来?说的都能写下来?写的都能干出来?

"想、说、写、干"大体都是行为范畴,但与认知紧密相关。缺少认知基础,不受认知统御,想是乱想,说是胡说,写是瞎写,干是蛮干。"知"与"行"的关系是一个绕不开的问题。

在我们的传统文化中,自阳明先生立论,"知行合一"就始终是"聚讼不已的一个命题"。陈立胜教授在《入圣之机:王阳明致良知工夫论研究》一书里面,从时间差的质性角度提出,"知"和"行"之间存在"异质的时间差","知"和"行"是两种不同性质的范畴,前者属于内在的心理活动范畴、认知范畴、情感范畴,后者属于外在的举止活动范畴。从同质性角度看,"知"和"行"属于同一道德行动的过程,分属两个不同的片段。在这一点上,"知"是"行"的"发动处",

即"一念起,万恶生"。因而便有了"日三省吾身"的合理性,在灵魂深处"闹革命","狠斗灵魂深处一闪念"。这个命题之所以宏大,事关我们写论文的一些前置性问题:"想、说、写、干"到底是什么关系?为什么有些人"不着文字,出口成章",有些人木讷寡言却落笔成珠。

第一,想。

想,即思考,犹太谚语说"人类一思考,上帝就发笑"。人因其渺小,生而短暂,却不排除常做无限之思。广义上看,做梦也在思考,只不过这种"有线索、无逻辑"的思绪过于无厘头,过于牵强,醒来即忘,不着痕迹。

思考是一个"来料加工"的过程。思考需要有针对性的素材运展思维,无源之水在思维领域似乎不成立。一般来说,思维对象大体上来源于个体的生活际遇,即经历,把经历过的事实事件在思维中反复加工获得的是具有一般性意义的经验,所以我们尊重那些"过来人",他们的个人经验是一笔财富。除了个体经验,文字也是思维对象,通过接受教育、通过学习获得的知识,可以看作一种间接的经验,同样是思维加工的对象。在这一点上,可以推导"读书无用论"是荒谬的。脑袋空空,运思没有着落,一定想不出来什么结果。当然有人会说,我自己直接去做、去经历也能获得同样的结果。这又回到那个老问题上。人生短暂,经历是有限的,代价是巨大的。更何况,如果没有受过基本训练,经历再多,也提炼不出一个所以然来。

第二,说。

经常见到一些"能人",表现在嘴上,"能说"。这是一句北方日常生活用语,把能讲话且善讲话、喜讲话的人叫作"能说"。所谓"能说",北京话叫作"侃"。"能说"者大体上滔滔不绝,长句警句排比句,句句倾泻如决堤之大河。口若悬河,话必机锋,言必玑珠,玉珠玲珑如绝唱于空谷。这种"说",时人谓之"侃"。犹喜一些"神人"动辄舌耕几小时,口吐"假、大、空"之沫,按照自主逻辑不停地说,竟然夹杂诗词曲赋,看起来文采飞扬,极具蛊惑性。

小儿学说话,从咿呀之语开始大约要用3年时间才能说出完整的句子,人生其他时间大体上要学习"不说",惜言止语。在一定意义上,说与不说不是什么大问题,问题是说什么。德国哲学家弗雷格提出"语言是思想的外壳,是表达思想必不可少的工具"。思维与语言是否具有同一性是一个广有争议的问题,但不可否认,语言表达的是所思所想,尽管说与想并不完全对等。有一些东西根本就无从说起,在这一点上,迈克尔·波兰尼把那些知道如何去做,但又说不清楚的知识叫作默会知识(难言)。

说与想存在着严重的不对称问题,思维在睡觉过程中没有停止活动,偶尔睡中也在说,那是梦话。是故,有必要谨遵维特根斯坦的告诫:能说的就说清楚,不能说的就保持沉默!能说的与可说的毕竟不多,要说就把一句话说到底。

第三,写。

把说的写下来,是稳定思想于文字的一种形式。有思想,尤其有一些新见解、新主张需要诉诸文字,是写下来的理由。没有思想,更没有新思想,就没必要写。

写的对象是新思想,写的形式却有很多。小说家在写,诗人在写,政论家在写,科学家在写,表达思想的形式迥然不同。从学理与应用角度看，有两种文体，即学术体与公文体，二者差异很大，前文已详谈。论文当然要采用学术体形式进行表达，甚至可以说，读研在很大程度上是熟悉、熟练掌握这种文体。

写，肯定有技巧，无论怎么写，一个恒定的主题是，坚持按逻辑写作。逻辑，是承载思想的程序、器具。器具是筐，承载思想，兜揽而不计其余，边界清晰而区隔物外。程序是方法，展开思想而自洽，辩言而气顺。"文革"时期，有某哲学家在北大批判逻辑学，会议主持人要求逻辑学家金岳霖谈体会，金先生仅语："这个人讲话很有逻辑。"批判逻辑依然要使用逻辑，否则是谩骂。写文章不遵循逻辑，大体上是懒婆娘的扫帚——"胡抡"。

写东西落实到文字，对文字是有要求的。一些初学者以为，一些难以看懂的东西有学问。就写作而言，特定的领域有自己特定的语言符号系统，要入门必须搞懂基本范畴。就像读海德格尔的著作，首先要清楚"在、此在、存在"之类的范畴是什么含义，然后才能研读《存在与时间》。当然，无论学术研究多么神圣，学术殿堂多么富丽堂皇，总有一些大师级学者用非常简单的文字和语句，把深刻的道理讲得妇孺皆知，这是一种臻于化境的功夫，李零教授的文字就属于这一类。[①]

第四，干。

广义上看，想、说、写都是某种行为，都是干。取狭义上的干，即执行，从想、说、写到干，在内涵上似乎在递减，也不尽然。有一些东西，尤其在生活领域，会干，能够做得很好，却想不清、说不明，更无法落实到文字上。但是，在论文写作上，要想做得好，需要想清楚，说

[①] 推荐阅读：李零. 我们的经典：全四册[M]. 北京：三联书店，2023.

明白，写得透彻，才能干出不错的成果来。

所以，我们在此提倡，想清楚、说明白、写透彻。大体上，这就是论文写作过程中的知行合一。在操作上，把一件事干到底。

论文是写出来的吗

仅就动笔写作而言,按一般人的打字速度,每天输入6000字,4万~5万字的硕士论文连续一周就能完成,博士论文也不过两周就能写完。事实上,这种状况很少发生。由此,我们怀疑论文根本就不是写出来的。那么论文是如何制造出来的呢?

论文是想出来的,论文是设计出来的,论文是改出来的。

第一,论文是想出来的。

想,即思考,不是凭空臆想,而是要边阅读,边观察,边思考,围绕所要解决的问题进行思考。一旦对大问题无法深入思考,就要化整为零,把大问题拆分成若干小问题逐个辨析。当然,思考同样以模仿起步,通过阅读,通过聆听,看看别人是如何思考的。

提升思维能力一直是学历学位教育的一个重要的核心问题。华人教授赵勇认为,中美教育的最大区别是"中国教育界强调学习知识,美国教育强调学习思考"。甚至,彭正梅教授在《批判性思维译丛》总序中提出,"中国的现代化不仅需要德先生和赛先生,还需要逻先生(Logic)""教学生知识和教学生思考是两种不同的教育策略,前者指向很少变化的依靠常规运转的社会，而后者则指向应对不确定的高度变化的世界"，对中国的教育改革来说，应"把知识、思考和道德以思考为中心统一起来，走出一条不同于西方的批判性思维培养之路"。

在研究生教育阶段，存在着一个不争的事实，学习思考远比学习知识重要，这一点有时被教育管理者忽视。表现在为数不多的课程设计上，有关思维方法以及通过有效思维提高思维质量方面的课程微乎其微。这致使本来就缺少批判性思维教育的学子在研究生教育阶段仍然以学习知识为重，因为缺少思维能力训练，显得创造性严重不足。

对 MBA、MPA、工程硕士等应用性学位教育而言，学生通过在职学习，更需要的是提升思维能力，在实际工作中具有较强的"解题能力"是求学者的普遍需求。一些在职学生认为写一篇硕士论文就是为了拿学位，这本无可厚非。但本质上，通过付费教育提升思维能力，进而在实际工作中提高解决问题的能力，才是在职教育的初衷。

所以，学会思考，学会高品质思考，通过论文写作接受这项训练，以期达到"越思考越会思考"，越会思考越能解题的目的。

第二，论文是设计出来的。

俗话说，提纲挈领，一览无余。对论文来说，纲领是什么？买书的人有一条经验，是否选择一本书，除了看摘要，还要看目录。其实，一本书的目录就是纲领。目录不是随便定义出来的，更不是简单地利用 Word 功能后补定义出来的，而是在行文开始就经过缜密设计，在行文过程中针砭修订，最终形成的。于是观之，提纲挈领，预先设计，是论文写作的重要环节。

论文不是简单设计出来的，而是按照逻辑设计出来的。论文答辩的时候，经常有答辩委员问起，这一章、这一节跟上一章、上一节有什么关系，这是在核查全文的逻辑关系。如果此章此节和其他章节没有关系，就可以删除。极端的情况是，每一章节之间都没有逻辑关系，最后论文被删减得只剩下论文大标题，这是非常悲催的场景。因而，在谋划论文章节之初，就要考虑全文的逻辑问题。

论文是按照逻辑设计出来的，更是按照因果逻辑设计出来的。史家修史往往采取时间序列，逐年纪事，这是一种逻辑；小说家按梦境跳跃式讲故事，也是一种逻辑，文评家叫作"意识流"。写论文更加注重的是因果关系，甚至可以说，因果关系是实质，逻辑只是承载因果关系的程序。厘清事实之间的因果关系，有助于呈现真相，更加有助于我们想象一些没有发生却有可能发生的事件所产生的后果，就是通过因果推断把握事实事件的走向。试想，如果章节之间在因果关系上紧密相关，去掉一角而整体溃塌，至少说明论文在逻辑上是严谨的。

所以说，按照因果逻辑设计论文框架具有一定的刚性。

第三，论文是改出来的。

经常遇到一些学生把刚刚成稿的论文毛坯交到老师手里。老师提了一堆修改意见，回令修改。如是者反复 N 遍，学生疑问，改到什么时候是尽头？师曰："改到自己恶心为止。"

戏言打住。论文是修改出来的，我辈本无七步成诗之才，只能亦步亦趋，妥协绥靖。其实，修改论文是一个学习过程，改到无以复加的地步即为心安处。

修改论文，我们提倡使用"奥卡姆剃刀"。提出者是英国中世纪经院哲学家、方济各教士奥卡姆（Occam 或 Ockham，1285—1349）。他写的是拉丁语句，中文可以翻译为"理论忌繁复"。后来，奥地利出了一位理论物理学家马赫，他把"奥卡姆剃刀"总结成下面的明晰话语：全部科学的目的就是对事实进行想象和模拟，并更新我们的经验，或者把它简化。要选择那些比经验本身来得轻巧的加以抽象，用它来代表许多其他事物。这一"节约原则"贯彻在科学精髓之中，其实对我们日常的思考也适用，即，思维的经济性原则。在修改论文过程中，将所有那些不增添意义的冗言赘语一并删除。

与自然科学领域的论文相比，社会科学领域的文章更倾重于千锤百炼、审时度势、咬文嚼字。相对繁复斑斓的社会实在而言，写文章能否做到"稳、准、狠"，有限篇幅成就鲜明主张，就像穷人家的饭锅，食者先捡干粮吃——问题首先出在理解上是否到位，其次在于是否下笔铿锵、落地有声。"思"与"做"从来都是两个不同层面的展开过程。想得再好，也需要倾力而为。作为一个展开过程，写作几乎是一个没有穷尽的修改过程，改到不能再改，改到恶心为止，距离好文章就不远了。

写（品评）文章如同风尘之中识人辨物，体味文章（人）成败，揣摩文章（人）好坏，扬文章（人）之精妙，弃文章（人）之拙劣，见识再好，辨别再清，千里眼，蚀骨刀，都要用在修改一己之过上，修炼"改功"是不二法门。

一个比较有效的修改方法是，把写出来的东西读给自己听，多读几遍，边读边改，越来越顺耳，越来越动听。就像丑厮，长得丑不是错，把自己拿出来吓唬别人就不对了，为了不至于吓到别人，只有修整一途可行。

经济学与管理学的区别

经济学与管理学是密不可分的。一些高校设立经济管理学院，或者名之为经济与管理学院，把经济学与管理学放在一起是比较常见的。即便在以管理学院命名的二级学院里，经济学一直是作为管理学的基础学科而存在的。经济学毕竟为管理学教学与研究提供了大量的研究方法与理论支撑。甚至在"经济学帝国主义"的侵蚀下，经济学研究大有"压城之势"，导致用经济学研究掩盖了管理学。这对管理学学科初学者而言无异于"混珠"。

事实上，作为纯粹的经验性学科，管理学学科知识体系确实不甚完善。主要表现：一个是理论体系不完善，各种理论主张看似斑斓纷呈，实则是"诸侯割据""百无聊赖"；另一个是方法论体系不完备，其他学科的研究纲领和具体研究方法大可拿来一用。"为我所用"是一个学科发展的必需环节，但这不是"自我迷失"的理由，否则会产生"成长障碍"。所以，有必要从应用上区分经济学与管理学。

第一，经济学与管理学研究的起点不同。从学理上看，经济学建基于"经济人假设"，用亚当·斯密的话说，人的行为动机根源于经济诱因，人都要争取最大的经济利益，工作就是为了取得经济报酬。这个假设过于抽象，听起来反而显得不太真实。由此衍生出来的"有限理性假设""信息不对称"等理论主张可以看作对经济人假设的修正。社会中的人毕竟是复杂的，作为管理对象的人和组织显然不能用经济人假设"一道帘子遮蔽"。与其提炼出"管理人假设"，还不如返回管理学研究的起点，把基点设定在"问题"上，也就是"出了事儿的事"，人和组织有多么复杂，事儿就有多么复杂。这就意味着管理学的研究起点是问题，一如其他学科早期发展与壮大所经历的过程。

第二，经济学与管理学的研究终点不同。把经济人假设作为起点的经济学研究越来越"数理化"，使用的工具甚至是数学家都不明所以然的模型，这种极端严重偏离了社会实在，进而导致经济学变成一种智力训练课程；把问题作为起点的管理学研究，其终点是通过"解题"寻求答案。表现在论文写作上，经济学研究重视"发现"，管理学研究重视答案。重发现，寻找相关性成为研究者瞩目的核心问题。经常见到"A对B的影响研究"之类的论文题目，这是典型的经济学题目，尤其是应用经济学论文选题。A与B相关并不代表A与B之间具有因果关系。相关并具有强因果关系才是分析成因的路径，否则只是某种概率的另外一种说法。

经济学研究相关性问题，似乎发现了一些具有规律性的东西，在认识上指出了一条"飞出玻璃的通路"，但能否真正飞出去则取决于这条通路是否合理，是否可行。娜拉走了是一个问题，原因很复杂，问题正如鲁迅先生所追问的"娜拉走后怎样"。即便借助于经济学研究发现了A与B之间的强因果相关性，在操作层面如何解题，这才是管理学研究的终点。相对而言，经济学发现了娜拉走了的原因及其相关因素，管理学所要解决的是娜拉走之后怎么办的问题。

对经济学与管理学研究进行区分，并不是贬低经济学研究的价值。恰恰相反，对管理学研究而言，必须学好经济学，这是前置性条件。但是用经济学研究掩盖管理学，或者误认为经济学研究就是管理学研究，则是有害的。

事实判断与价值判断

事实判断与价值判断是一对哲学范畴。事实判断是有关是非、对错的客观判断,价值判断则是关于美丑、善恶、好坏之类的主观判断。二者之间最根本的区别在于事实判断具有客观属性,以事实为依据;价值判断大体上出自主体的个人感受、体验与体会,意图、信念、希望、恐惧、欲望和知觉等主观体会往往都来自价值判断。

有关美丑的标准向来争议不断。美也好,丑也罢,并非依靠精确的标准进行判断,而是凭借个人的心理感受做出响应。往往一个人以为是丑的,另外一个人看来可能赛过西施,这种没有客观标准的判断就是价值判断。"今天中午的太阳很热",这是可以计量的,是事实判断。

论文选题同样有两条进路可走,一条是基于经验事实开展研究,另一条是以价值判断为基础研究那些不可计数的范畴。二者无好坏之别,差别在于是否采取实证研究路线。

就管理学科而言,那些置身理工科大学的管理学科往往采取实证研究路线,而综合性大学开设的管理学科,尤其是公共管理学科则偏重一些规范性研究,基于价值判断开展规范性研究并不鲜见。

第二部分 02

论文选题

问题是科学研究的起点

经常有人问，写论文从哪开始？论文是研究的结果，这个问题等同于在问：科学研究从哪开始？

科学研究的起点是一个广有争论的问题。有人主张研究应当从理论到理论，有人主张应当从理论到实践，也有人主张从实践到理论。不管持有哪一种看法，首先涉及怎样处理"问题"与"理论"的关系。

做研究的人，"思想火花"不断冒出，尤其是当接触相关学科的研究成果或新的理论框架时，往往会迸出意想不到的新颖想法。做研究的人，除非特别没有进取心，否则都会努力把研究向前推进一步。希望自己的论文有一个全新的面貌，自然会考虑到新的理论、新的方法。问题在于，你的论述对象很可能经受不住你借用的理论之重压，因而纷纷解体。针对研究对象进行探讨，发现问题，而这个问题最好有较大的挖掘潜力，这个潜力刚好能够和新知识结合起来，这就意味着通过"意识"找到了一个理想的研究对象。对科学研究来说，问题意识在研究伊始比理论框架更重要。找到了问题，从形式里面窥探变迁，看到可以伸展的远点；另一方面，找到一个载体，用来承受内容的展开是必需的。

因此说，无论是理论问题，抑或现实问题，都要以问题为核心。用 Popper 的话来说，问题是科学研究的起点。没有问题，则无须研究。问题是"事儿"，是出事的"事儿"，是那些包含着结构性冲突、矛盾和纠纷的"事儿"。

事，具有本体论意义。泰州王艮说"即事是道""百姓日用即道"。李贽说："穿衣吃饭，即是人伦物理，除却穿衣吃饭，无伦物矣。"这些说法，都不是在事与事的相互关系上，不是在殊相与共相的关系上，不是论"道"说"理"，而是直接指认一件件具体之"事"，如穿衣吃饭，是为"道"为"理"。也就是说，拿事说理，才能理解"事"的本体论意义。

"事儿"是问题，由"事儿"到理，就是基于问题对问题本身及其所涉及的更多问题做出合乎逻辑的解释，形成理论认识，以期在更深的层面体认"事儿"的本质。在中国传统文化中，人们为什么往往更重"理"而轻乎"事儿"，甚至热衷把许多是后天的，由人所立之"理"赋予先在的与绝对的意义？人们更倾向于认理，认取"理"的根本性，并赋予其形而上的意义，这是因为人们更关注社会的公共关系和处理这种公共关系所需要的秩序性。这是个人被社会认同或融入社会的一种凭证。

然而，做研究、写论文，在很大限度上应建基于"事儿"，或开始于问题，不宜于就"理"说"理"，因为"死认理"容易导致"认死理"，结果是撞南墙。用"事儿"说理，没"事儿"找"事儿"，是一种问题意识；同样，"用理说事儿"说不通，则可能创立新理论，即"佛跳墙"。

什么是问题意识

到底什么是问题意识？狭义地说，问题意识也可以理解为，对问题"大"与"小"的判断，对问题"真"与"伪"①的觉悟，即对问题本身的把握。广义地说，问题意识还涉及对问题价值的理解，对研究该问题的自身能力的估量，以及对该问题在某一问题域中的地位与作用的体认，等等。海德格尔说，一个正确的问题预示着它的解答方向。答案至少在方向上蕴含在问题本身之中，意味着问题意识依赖某种传统作为支撑。这种传统建立在学术积累之上，类似于库恩所说的"范式"。范式在一个研究者的学术生涯中的作用非常重要，就像 M. 波兰尼（M. Polanyi）所说的那样，是一种"支援意识"。当然，学术传统作为某种范式，对一个从事研究的人来说，是可遇不可求的恩泽之物。不管怎么说，面对提出的问题，实质上是面对问题背后相关联的很多因素，这就

---

① 提出问题要讲科学。如果有人要问："你头上的角是怎样丧失的？"这样的提问是没有价值的。因为求解这个问题的大前提是一个空集，对一个从来就没有长过角的人来说，讨论他如何丧失了角，显然是毫无意义的。以不科学的方式提出的、推理的大前提为空的或不确定的问题，属于"伪问题"（pseudo-lnquiry）。这样的问题没有任何求解价值。

使问题变得复杂起来。或者说，问题从来就不是赤裸裸的，孤立的问题是不存在的。在纠缠在一起的问题中找到一个研究对象，用一根逻辑线索把这些问题连接起来，并试图找到问题之间的相关性，就是对问题的把握。

问题受到特定时空条件的局限。有一种很经典的判断说"越是民族的就越是国际的"，似乎还可以再补充一种，"越是时代的，也就越是永恒的"。我们无意于强调"任何历史都是当代史"，但要明确概念是不断演进的，随着时代的变迁，含义也在发生变化。我们现在的教育把丰富多彩的思想、生动的现实全部格式化了，仅仅告诉学生一些符号。学生熟悉这些符号，而不了解符号背后的思想，以及这些思想所蕴含的问题，那么学生的胸襟和视野就大受影响。知其然而不知其所以然，只见树木而不见森林。胸中无积郁何以叩问苍生？修习者，不仅要接受某些成熟的，包括西方的理论框架，同时还要记得自己是个"中国人"，是中国传统文化的载体，是在中国特定的时空条件下从事研究。因此，在发现问题的时候，需要面向本土去解决问题，否则就不会有太大的创新。

问题诞生于比较之中

卡尔·拉纳说，人是一个会发问的存在。问题意识应该是人的本体论规定性之一，人类理性存在的目的之一就是确认问题并探求解决之道。

那么问题是如何诞生的？舍斯托夫说："灵魂最本质的表现就是具有提出问题和寻求答案的能力。"但他又说："问题和答案是自行产生的，不干任何人的事，不论是我们还是别的什么人。"舍斯托夫混淆了问题意识和问题之间的界限。问题意识是我们心灵中的"先验结构"，但具体问题或问题本身的产生及其解决则完成于实践领域，是意识史中的一个事件。或者说，问题诞生于两种或两种以上有限态势的比较。也就是说，至少有两种态势的存在或确认存在两种或两种以上的态势，其中一种态势往往是与"我"密切相关的，由此确认与我相关的态势与他者的某种差异，这是出于人的意识中"自我中心"的本性调整差异，谋求差异之后走向合理性解释。

人类的一切知识都产生于这种意识的分裂或态势的比较。举例来说：医学是在健康和疾病两种态势比较中诞生的人类知识，宗教产生于

"月球以上"的宇宙秩序和"月球以下"的宇宙无序之间的紧张关系，自然科学的进步来源于新旧两种"范式"（库恩）的对抗，儒学是心灵秩序面对与之冲突的宇宙失序的向内转化，社会生活中的一切问题也莫不是在比较中产生的。

英国地理学家 R. J. 约翰斯顿在《地理学与地理学家》一书中说："问题—求解导致科学的进步。""问题的诞生"既是人类确认身份的行动，也是人"解释世界""改造世界"的逻辑起点。人类的一切精神活动，无论是"精神文化"，还是"社会文化"，无论是"纯粹理性""实践理性"，还是"技艺"，都起源于问题意识并指向问题本身。

问题起源于比较，比较就是"说长道短"，就是"搬弄是非"。在这里引入一组不算好听的词想表达的是，对于所研究的问题，在我们之前一定有先行者做过相关研究，要以事实为依据省视已有结论的是是非非（"搬弄是非"），找到其中的研究不足作为我们开展研究的起点（"吹毛求疵"），而这一过程是通过比较几组相关研究实现的（"说长道短"）。

比较是一种认知方式，是理解社会事实的一种重要的认知方式。

面向问题：学术活动的取向

在以往的学术发展史上，存在着"问题学科化"和"学术问题化"两种趋势。

问题学科化是指，迄今为止的学术思想主要以学科化的方式来提出问题、确立问题、展开问题和回答问题，形成分门别类的知识与启示，也形成分门别类的问题；学术问题化是指，基于问题进行研究，并对问题学科化进行质疑，对学科化知识与启示的片面性、遮蔽性、荒谬性和有限性进行揭示，对问题之学科化界限进行检讨。

历史上，学术活动一方面加速完成了问题学科化的知识建构，另一方面又激发了对学术问题化的反思性怀疑与批判。不过，问题学科化和学术问题化之间的张力冲突从来没有达到平衡，历史总是向一方倾斜。概而言之，20世纪以前的学术活动多偏重于问题的学科化，学术的问题化则表现为"异端"；20世纪以来的思想学术多偏重于学术的问题化，而问题的学科化则显得"保守"。

显然，今天我们所面临和谈论的一些重大问题，比如，全球化、后殖民、现代性、后现代性、生态危机、技术理性、性别、大众媒体、权力话语等很难说是属于哪一个学科的问题,也没有哪一个学科能提供回答这些问题的全部概念和逻辑。此外,过去以学科方式回答过的"自然""社会""历史""现实""真理""科学""进步""自我""语言""人""神"等问题又成了新的问题,并以非学科和跨学科的方式被重新问题化。这是一个新问题不断涌现、旧问题相继复活的时代,又是一个没有先行允诺和预定答案的时代。在今天,学术思想的意义和分量不再取决于它是否可以成为某个学科的一部分,而在于它是否提出了有意义的问题,或者为解答有意义的问题提供了有意义的思路。

面对问题本身,并不意味着非历史性地置身虚无,已有的问题史及学科化的知识必是我们进入问题的入口,但它并非命定的出口。也许只有当我们学会去找并真正找到新的出口,学问才会别有一番天地。

面对问题本身,也意味着不仅强调问题意识,更强调问题化的尝试,在既有的问题套路之外提出问题、回答问题的尝试,尤其是对切身的生存经验进行问题化的尝试。

面向问题,建基于问题,也许是学术研究走出"象牙塔"的出路,抑或是苍蝇飞出玻璃屏障的一条坦途。

顶天立地：选题的价值追求

科学技术研究成果要"顶天立地"，这是科学技术发展本身的一种内在要求。"顶天"，指在科学研究上追求重大发现，成果居于一流；"立地"，指技术成果要脚踏实地，为社会所用，对推动经济发展、提升人们的生活质量有所贡献。因而，在选题过程中，选择纯粹的理论问题作为研究对象，要立足于理论前沿，要敢于"碰硬"，敢于接触那些争论不休的命题，以及那些被权威认定看似理归情致的命题。尤其是在最基本的理论预设上，敢于在常识之处质疑。事实上，往往越是基本的，越是常识的，一旦颠覆，越容易产生重大的理论突破。恰如推翻一座大厦，从顶层开始费力最多，而如果把最基础的一块砖撤掉，大厦即倾。

就应用性研究而言，一定要立足于实处，对于那些关乎生产生活的重大问题直接逼近，哪怕是取得一点点成效，也要比不疼不痒好得多。值得一提的是，应用研究在整个研究中占有绝对大的量，并与广大人民生活密切相关，对于经济发展和社会进步具有非常现实的重要性。对研究人员来说，选题要植根于社会，面向那些"卡脖子"问题，才能够获得持久旺盛的生命力。

强调"顶天立地",就是排斥那些不着天、不落地、不上不下的选题。事实上,如果用这个标准审视我们的科研工作,可以说仍有大量的科研选题及其成果属于这种不上不下之列。比如,大量的选题做与不做没有区别,大量的科研成果鉴定时都达到了国内国际先进水平,但鉴定后即束之高阁,既不能在国际前列中找到身影,也不能在实际应用中留下痕迹,鉴定之时即是湮灭之日。又如一些填补空白之作,一些所谓的创新之作,在科学上毫无意义,在技术上毫无用处。

"顶天立地"是要"置身前沿"。真的能从学术前沿出发,再前进任何一步都将"前无他人",也就"顶天"了;真的到达学术前沿了,就把握了一切有价值的成果和进展,就"立地"了。上面讲的"比较""问题""起点"都只有在"前沿"上才有意义。许多人并不是不聪明,而是欠勤奋。有的人"比较"做了,"问题"也提了,"起点"也有了,但都是或者基本是在自己的脑袋里"闭门造车""想"出来的,没有读多少该读的东西。对别人已做的、在做的,都了解不多,乃至知之甚少——自以为发现了一片蓝天,却不知自己深陷在井底之下。

大问题与小问题：小题大做

做学术研究，很多人一开始提出宏大的规划，希望一举解决一个很大的问题。于是，便弄一大堆理论，把理论变成一个筐，什么都往里面装。其实，做学问，"说有容易，说无难"。大范围，你爱说什么，很容易找到；说无，就必须排它，需要做很多实证性的研究。所以很多人都愿意在"说有"方面做文章，那并不难，随便捡几个例子就能写出一篇论文来。学位论文跟别的文章不一样，选题必须是顾炎武所说的"必古人之所未及就，后世之所不可无，而后为之"。这样的题目，才适合作为学位论文的选题。是否满足前面没出现，后面不可缺，对做学位论文的选题特别重要，需要定位在这里。

还有两点很重要：怎样利用你的积累，最大限度地发挥你的长处；要使论文做完后还可以继续伸展。这两点是选题时应特别注意的。随便抓一个时尚的题目，今天是"新型工业化"，明天是"大数据治理"，这种学术墙头草式的投机行为，即便隐隐有若干好的想法，也是不可能实现的。因为这跟个人的长期积累、志趣以及长处脱节，做起来肯定是仓促上阵。学位论文是一个成果，也是一种训练。换句话说，从硕士到博士,这六七年总得有个阶段性的成果。这固然很重要,但更重要的是学位论文做完之后,还能继续发展,有个伸展点。假如没有,做完论文就丢掉了,以后再找个题目,那只是拿了个学位而已。

小题小做,可以做到小巧玲珑,可以做出一团锦绣文章,但没有多大意思;大题大做不是学位论文所能承担的,那需要花一辈子精力;大题小做,最怕的就是这个,写杂感可以,做论文不妥。一般说来,小学者(初学者)想大问题,其结果是大中见小,人云者云之,人未云者亦未云之;大学者想小问题,小中见大,云人未云者。初学者做学位论文当采取大学者的研究理路,就是"小题大做"。因为在研究能力不是特别强,知识积累不是很雄厚时,大题大做会有困难,而小题大做有可能使成果比较坚实。小题大做还有一个好处,可以相对封闭起来。陈垣先生有一句名言,就是做学问要"竭泽而渔"。如果"小题大做",可以做到;但若"大题大做",难度较大。假如一个题目设计得挺好,但难于驾驭,可能是因为时间、资料、思路等有问题,也可能是因为这个题目本身就是不可控制的,这种情况下,必须找一个可驾驭同时能发挥自己的长处,且可能有理论意义的题目。小题大做,可以做深做透,另一方面也是因其可以驾驭。但不是所有小题都能大做。如何在一个富有潜力的小题目上做出大文章来,要有长远的眼光,需要学术传统的支援。王国维先生指导清华研究院某学生做论文,题目是"关于孔子生平的考证",王国维说其考证很精,但不是什么了不起的事情。小题目有的可以大做,有的大做不了。这取决于后面有无大的理论背景,也取决于题目本身的潜力,即要把研究的问题放在"问题域"中权衡。

真问题与假问题：理论制造问题吗

期望选题具有新颖性和创造性，首先要有正确的"问题意识"。没有正确的问题意识，提出来的都是伪问题，没有研究意义。学术中的"真问题"是通过对相关的几种范式"存同求异"求解出来的问题，这一问题来源于正确的问题意识。而正确的问题意识如何形成？就是在一个思想的中心，人们相互激发共同努力而形成的。这样的思想中心，一般说来也是学术中心。

如果先从建立数学模型和计算机编程入手，而不是从思想与问题意识入手，对社会科学研究而言，大抵上不会产生新思想，只能尾随在他人之后。尽言已言者，知无不言，言无不尽；未言未言者，不言未知，未知无言。作为他人言论的随从，如同引车卖浆者，如同贩夫走卒，混迹于他人开垦的"学术殖民地"上。

另一个令人担忧的情况是，理论本身在"制造"事实，或以理论来代替事实，真实世界越来越远离了学问。一些学者和学生都在学校里制造问题，以及用最先进的数理和计量方法来"解决问题"。殊不知，越是先进的、完善的数理方法和程序化的规矩，就越能够包容"伪问题"。违背数学逻辑的肯定不是科学,但符合数学逻辑的未必一定是科学。是不是科学最终要由经验,其实也就是要由实践来验证;是不是真问题要看它是否建基于经验和事实之上。

现在,学术界成果不可谓不丰富,但简单重复劳动居多。出现这种情况的根源就在于缺乏问题意识。研究者并不注重现有的研究成果和研究前提,问题的提出并不是在一个有序的学理框架内,而是凭借想当然,以至于那些问题并不构成真问题,而是早已讨论过的陈词滥调。在另一种情形下,提出问题只是凭借一时冲动,或者是一种简单的意识形态立场,这种问题其实不需要解决,因为提问的时候,答案已经有了。这些问题,经常是一些知识分子的立场问题、价值选择和知识伦理问题。这些问题当然也有意义,需要加以澄清,但这些问题过分大量地缠绕在当代知识生产的主体环节,以至于表面的热闹使当代学术始终是在一个圈子里打转。

数学与思想：对问题的逼近

说明问题、解释问题、解决问题的手段很多，可以用纯粹的语言表述，也可以用形式化的语言，如数学，进行演绎。伴随着家庭问题、法律问题及思维策略等问题成为经济学研究的对象，经济学颇具侵略性和扩张性，有人宣称经济学进入了"帝国主义时代"，尤其是伴随着大数据技术和AI技术的快速发展，在人文社科领域使用数学手段表述思想的趋势愈演愈烈。无可置疑，数学理论体系、思维方式和推理方式确实能够有效地承载思想，但是需要明确的是，作为一种逼近问题的手段，数学连同其他形式化语言有其自身的局限性。

众所周知，数学作为一个独立的知识体系起源于古希腊，两千多年以来，特别是从牛顿时代至今，数学及其具体应用导致自然科学取得了辉煌的成就。长期以来人们习惯地认为，能够充分应用数学的学科或领域等价于科学，数学所显示出的人类理性能力、根源和力量在诸多自然科学领域也似乎得到了完美的体现。能够应用数学的论文在很大限度上增加了科学性和可信性。虽然数学在科学发展中具有至高无上的地位，但是我们要追问，数学是绝对真理吗？亦即数学的抽象性是绝对无误的吗？数学的严密逻辑性是绝对可靠的吗？数学应用的广泛性是无限的吗？

如何认识数学的真理性问题，如何看待数学在自然科学中的有效性问题，如何理解数学在社会科学等领域中的作用问题，等等，这类问题大都属于哲学研究的范畴。虽然实难形成确定性结论，但通过学习和思考得到的有关认识，对于我们认识数学手段的作用是十分有益的，使我们的看法更加深刻起来。

基于上述讨论，我们知道数学应用的意义及其限制，在应用过程中不能将数学的意义夸大，要深刻认识到数学的局限性。应用数学只是一种逼近问题的方式选择，关键要基于思想，通过思想的力量解决问题。由此看来，在社会科学领域，数学只是展现思想的一种手段罢了。

创新决定问题研究的意义

汉语中的"问题"一词，兼有英语中的两个词"problem"和"question"的含义。"Problem"，在英语中是指需要对付和处理的问题、难题；"有问题"，就意味着有麻烦、有差错，要想办法解决、克服、弥补。"Question"，在英语中指提问、询问和怀疑；"有问题"，就意味着质疑或询问，提出问题或发现潜在的问题。这两个含义，有时是相关、交叉的，但更多的时候是矛盾的。

"创新"也有两个含义：第一，以旧翻新，改造、更新现有的东西，即所谓革新、改进（improve，reform）；第二，无中生有，创造全新的东西，即所谓创造（create）。在这个世界上，一切的创造都需要自然和历史的资源，因此，没有绝对的创造。所以，在历史上，虽然人类早有创造的概念，但并不认为自身有创造之功，而认为创造（世界）是上帝或神的本事。科学和理性启蒙破坏了人对上帝或神的信仰，创造的根本观念即创世观念也被打破了。

这个时候，问题就来了：第一，没有上帝，这个世界是怎么产生的？——question！第二，在这个没有上帝的世界，人生在根本上还是有意义的吗？——problem！

　　自然科学宣称，现在的世界是自然运动的结果，而且还将随着自然继续发展变化。理性告诉我们，没有一个存在者能为人生提供先验永恒的意义，意义不是上帝赋予我们的，而是我们自己创造的。

　　问题的意义体现在学术创新的方向上。正是在这个意义上，"创新"不仅成为当代思潮中至为重要的关键词之一，而且创新已经成为每一个学者从事研究的潜意识。没有创新，学术研究则没有意义。由此导致，"新"成为被崇拜的新偶像。在方向上创新，追求"新"，创新的价值被绝对化为"新"，创新就会被扩张为一场无问题、无目的的形式主义运动。

　　德国哲学家阿多诺曾指出，"新只是对新的渴望，而不是它本身。这就是一切新事物的命运。在这个乌托邦化的运动中，一切现存的和屈从于它的事物都被否定了"。因此，就产生了"创新的问题"：为什么创新？怎样创新？

　　创新必须面对问题，面对那些关乎人类生存和社会发展的真问题。以这些问题的探索和解决为目标，才是创新的方向。

从问题意识到问题觉悟

从应然到必然，从欲为到能为，涉及对自身能力的估价。

选题的时候，第一，这个题目值得做，所谓"古人之所未及就，后世之所不可无"；第二，这个题目我能做，以前有积累，以后的研究从这里出发。这两点锁定以后，再选题目就比较好办。当然，还要根据学界动态以及自己的兴趣不断调整。选题其实很难。必须考虑到学术界的状态、个人能力，还有这篇论文做出来后对学术界的贡献。在选题过程中，会不断冒出很多很多的想法。有的人一进大学、研究院，就有一个题目，围绕这个题目，目不斜视，一直做下去；另一种是通过读书，不断思索、徘徊、选择，在很多题目的纠缠中挣扎，最后确定一个。

所谓的问题觉悟是指，选了一个非常值得做也能够做下去的题目，这是对问题本身的省视。还有一个省视对象同样很重要，就是研究者本人。一般说来，我们都是在限定的时间内完成多少具有限定性内容的论文，这就不得不对个人的知识积累、时间精力、兴趣爱好等条件进行斟酌，谋而后定。题目再好，但在有限的时间内完不成，便是一种遗憾，莫不如开始的时候就放弃。值得研究的题目还有很多。

从问题意识走向问题觉悟，做一个清醒的研究者。

第三部分 03
论文构件

研究意义

意义需要发现。

麦格拉斯在《意义的惊现》一书中说，我们梦想着能看到一个更加美好的世界，那里充满了公平、正义，一切存在都是有意义的。限于学科，我们不去追寻终极意义，那毕竟是一个古老的哲学命题。但是，在现实世界，我们无法抑制一种渴望，那就是叩问与追寻万事万物的真正意义。意义不会自动生成，对个体来说也不是给定值，意义是被发现出来的，尤其是在探寻过程中发现意义伴随着一项研究事业的始终。

对研究意义的阐述是一篇论文必不可少的项目。有人认为"我做的就是有意义的"，于是避而不谈，仿佛是多此一举。一篇论文不写研究意义，觉得没什么可写的，可能是写的这篇东西真的没有意义。没有意义，还写这篇东西干什么，岂不是枉费心机？说得极端一点，任何东西都有意义，缺少的是发现。

阐释研究意义一般有理论意义和现实意义两分法。一些学术组织的模板就是这样给出的。常见的问题有以下几点。

第一，高屋建瓴式宣言。"本项研究在理论上填补了×××空白"

"本项研究成果在实践上可以指导政策制定，可以为众生指点迷津，可以为苍蝇飞出玻璃开辟一条通路"，诸如此类的宣言式判断在初学者中是经常出现的。一项研究成果，不排除存在一些惊世之见，这些例证在学术史上并不鲜见，但是大多数研究还是边际性的改进，尽管很多时候改进量趋于零。鉴于此，阐释意义拒绝用"大词"。大词对一项研究的伤害主要是"假、大、空"，不着边际。

第二，研究意义不是孤立的主张，阐释意义需要在一定的背景中展开。铺垫研究背景的目的直接指向研究意义。空穴来风，先有穴，有缝隙，风过留音。必要的铺垫是为了让读者信服，有道理。尤其是用"数目字"和图表进行铺垫，简洁明快，干净利索。

第三，研究意义确实有大小之分，选择适中。研究意义过于宏大，往往不是一篇论文能够完成的，最后只能大而化之，不了了之；一篇文章选题意义不大，无论怎样努力，也难以挖掘出醒目之论。一篇论文选题适中，既要考虑问题本身的难易程度，又要考虑个人此时此刻的驾驭能力。很多时候写论文是有时限性的，过难过大，终其一生也无法完成，这件事本身意义就不是很大。

关键词

经常有人问，论文为什么需要有关键词？

从形式上看，关键词不是可有可无的，尤其是学术类文章，包括杂志论文和学位论文，关键词是必不可少的一个项目；从应用上看，关键词具有便于检索的功能。检索他人的文章，以及自己的文章被他人检索，利用关键词进行检索是一条重要路径。

关键词不只有检索之用，更为重要的是，关键词之所以关键，在于他的指称对象，对论文写作来说是"破题"、逻辑展开的抓手，在论文构思的开始阶段几乎是唯一的抓手。比如，无论是工程学学科，抑或管理学学科，以"机制"为主要研究对象的论文很常见，影响机制、作用机制、激励机制、运行机制等。这类选题首先要明确机制是什么，有什么典型特征，有哪些影响因素，影响因素的结构关系是什么。尤其是，一旦在谋划章节布局不知所以然的时候，从主要研究对象的内涵、特征、关联因素等角度去思考，是矫正思维偏颇的法门。

关键词是指称研究对象的名词。在本质上，关键词是研究对象的名称。一篇文章没有关键词，或者关键词飘忽不定，意味着研究对象不清晰或者不确定。是故，锤炼关键词是开展论文研究工作的重要一步。

关键词不能是词组。关键词之所以叫作词，不能以词组代之，是因为研究对象一定要有明确的内涵，有清晰的边界。研究对象不明确是论文写作的大忌，也就是常识所说的容易写跑题。

人名、地名不宜作为关键词析出，除非某人、某地作为重要研究对象。把地域和人物作为关键词，等同于做专题研究。否则，人名、地名还是不宜做关键词的。

一篇文章的关键词数量是限定的。一些杂志和科研院校对论文的关键词数量有明确的要求。比如，杂志论文建议析出的关键词为3~4个，硕士论文为3~5个，博士论文为3~7个。对论文的关键词数量进行限定，主要是出于研究内容与体量的限制。从字数上看，大多数杂志发表论文大都限定在万字以内，发万字以上长篇论文的杂志不多；一篇硕士论文大多数为3万~5万字，博士论文为6万~8万字，字数限定了研究内容。事实上，写好一篇论文不在于主题数量的多，主题过多容易交叉重叠，导致说不清楚。理想的状况是，一篇论文就一个主题，一个主题拆分成若干个次一级的主题。一篇文章，重要的论题一个，可以拆分成2~4个次一级的研究对象，每一个次级问题形成一个关键词，由此关键词的总数即为3~5个。

关键词的排列隐含着重要性。关键词的排列并非杂乱无序，梁山好汉排座次暗含着武功值和贡献率，酒局的座位也存在着长幼有序、职位高低之说，虽然被先锋人士视为封建糟粕，但在习惯中礼数存焉。同样，排列关键词也要考虑研究问题的重要性，按照重要程度降序排列为好。

论文大标题

关于论文大标题是如何形成的，有人认为是写作之前就已经定义清晰，就像孩子尚未出生，已经命名。这种情况有，但不多见。常见的是，随着研究不断深入，直到最终才提炼出来论文大标题。也就是说，论文大标题是逐步提炼出来的。为什么会出现这种现象？

百度一下，论文标题要怎么起？掌握好这四条：（1）要简短而精练；（2）要能准确表达论文主题；（3）要足够醒目；（4）要包含关键词。这几条原则性要求都对，但说得不到位。一些学术组织对标题有字数要求，必须简短；论文大标题当然要表达主题；至于是否醒目、悦目，只是一种形式化的选项。只有第 4 条有点接近于本质，"包含关键词"。

在本质上，论文大标题表达的是研究对象及其结构关系。关键词就是研究对象的称谓，因而论文大标题里面当然要包含关键词。问题是，一篇论文中体量稍大一些的研究对象可能就一个，经过拆分，次一级的研究对象还有 2~3 个。一篇文章大大小小的研究对象有 3~4 个，论文大标题除了显示研究对象还要包含研究对象之间的结构关系。

以"上海市静安社区网格化治理及其机制研究"为题,举例来说,这个题目至少包含两个关键词:网格化治理和治理机制。用"及其"一词表达的是递进关系,这里要讨论的机制是网格化治理的机制。如果用"和"字,含义有别,表达的是网格化治理与一般性的治理机制。一词之别,所表达的结构关系有差异,取决于研究的重心所在。

论文大标题中包含的"上海市静安社区",表达的是"地域与单位属性"。对于专业硕士学位研究生这个选项必须要有。如果不加,论文讨论的默认值是所有社区的共性问题。一旦论文中数据和背景仅仅是一个社区的,问题很麻烦,做一些限定是必要的。还有一种可能,不加"地域与单位属性",不进行限定,这类文章可能更加偏重于学理性研究,大多出现在学术类论文选题上。

有人常问起,论文大标题中"研究"二字是否可以用"分析"二字替代,分析也是一种研究。对于经验研究,形成的往往是归纳类论文,用"研究"二字比较恰当,"分析"二字多发生在演绎类论文写作中,在某些学科中这两个字用得比较多。

随着研究逐渐深入,研究对象越来越明确,论文大标题最终得以确定。主要表现:(1)内涵稳定,研究对象总不至于像夸克一样即生即灭,不易把握,一段时间内具有稳定的内涵才可能构成研究对象;(2)边界清晰,以机制为例,随着研究的深入,发现它与模式、体制等很相像的概念有着根本性的区别,这些区别是一个研究对象获得独特性的条件;(3)抽取典型特征,区分多胞胎孩子的抓手是个体的典型特征,这些特征是在过程中逐步发现并得以确定的。

同样，内涵稳定、边界清晰、抽取典型特征，这三点是界定一个概念必不可少的要件。一篇好论文离不开打造专有自用概念，甚至有人在一部书里面专门讨论的就是这样一个概念，也有人为此花费了一生的时间。

方法论与研究方法

"方法论就像是药品,我们之所以能够容忍它是因为假定它对我们是有益的,但是却要悄悄地蔑视它。我们宁愿为别人开出处方而并不乐意让自己服用。对方法论的学习发生在虚幻的另一世界,涉足其中的极少数参与者被作为具有怪癖的人而接受。我们的哲学信念与日常实践只是偶尔才迎头相撞。在很大程度上我们因为忙于成批地生产前沿理论而无暇顾及质疑这些前沿理论是否具有任何意义。"[1]

琼斯这段写在20世纪70年代的话,至少包含了两层含义:一层是大多数人包括那些在前沿上从事研究的人,对方法论是漠视的;另一层含义是我们应该对所谓的前沿理论进行方法论层面上的质疑。理论创新在很大限度上来自方法论层面的检讨。方法论是因循因果关系而形成的某种思维方式,由一系列反思性判定组成,是隐含在叙事背后的因果逻辑。

---

[1] JONES E. Positive Economics or What? [J]. The Economic Record, 1977, 53 (3): 350-363.

广义上研究方法包含方法论，也包含具体研究方法。具体研究方法是说明性的，是工具性的，由如何去做的一些判定和规则组成。二者之间的联系表现在，"按规矩做事"强调的是具体做法，质疑这些规矩是否合理，则是一种方法论上的解析倾向——"按规则做事"，规则必须合理。

方法论上的自觉、自省和自悟，恰如医生，掌握病理才能开出恰当的处方。知其然，更要知其所以然。会写一篇文章，就能够融会贯通，可以写出 N 篇文章。写论文除了要坚持方法论上的自觉，还要选择恰当的具体方法。方法论确定了开门的方向，打开门还需要钥匙，还需要熟练掌握具体的研究方法。使用具体研究方法应注意以下几点。

（1）拒绝"大法"。经常有人在描述研究方法的时候，自述"坚持历史唯物主义与辩证唯物主义相统一的方法""坚持规范研究与实证研究相统一的方法"。不得不说，这些都是"大法"，先不说坚持，就算是想违背，几无可能，所以这种坚持也就没有意义了。论文中所用的研究方法是解决问题的具体研究方法。

（2）方法组合。一把锁需要某种特定的钥匙打开，但一篇论文不会只有一种研究方法，要用到好几种相对重要的研究方法去解决问题。

（3）从用处描述研究方法。不宜采取罗列方式把研究方法堆在一起，而是要从用处描述，在此文中用哪种或者几种研究方法解决了哪个问题。再深入一步还要回答，为什么选择某种方法，其适用性和恰当性的依据是什么。

文献综述

文献综述有两种，一种是"大综述"，对一个领域的文献进行总结，经常会发表在专业的评论上，或者是在年鉴里。写这种综述文章的人有许多是业内权威人士，一般都是在这个方向上做了相当大贡献的人。

另一种是"小综述"，就是论文前置部分（introduction）的综述。这个综述的目的主要不是向其他人介绍前沿，而是推出自己的研究假设和预设，是"以述带论"，就是说明现有的研究状况如何，缺陷是什么，我准备做的贡献是什么。所以，这种综述并不强求非常全面细致，不是"掉书袋"，而应该侧重介绍与自己的研究直接相关的文献及其观点。

对于"大综述"，在没有积累原创性的研究以前最好不要写。没有见过几棵树，最好不要谈森林。一个题目，没有扎进去之前，许多体会、感受都是虚的。

以前在国内搜集文献有困难，早期印出来的一些前沿介绍当然就很有意义。现在做研究，文献检索不应该成为很大的困难。所以，做

"二道贩子"，将人家研究的东西似懂非懂地编译一下，在真正做研究的人中间也不会有什么市场。

对于"小综述"，这是人人都可以写，而且应该写的。如果拟定了大致题目，就围绕这个题目去尽量搜集最新的文献。不要强求自己去精研整个大学科的发展脉络，而是找到具体题目深入下去，有时候会出现见微知著的全息功效，也会产生一些"格物致知"的感受。当然，这里所说的前沿和深入研究，都是相对而言的，每个人处于不同的学习阶段，有不同的条件和功底，会有不同的成果和收获，只要尽心做了就好。

比较常见的文献综述方式有以下几种。

1. 按行文次序堆放罗列

把自己看过的文献堆放在文本里，未经梳理，这是典型的"述而不作""述而不综"。早些年，在一些硕士学位论文中经常见到这种"聊胜于无"的作品，看不出来作者的工作体现在哪里。

2. 按拆分出来的问题分类归集综述

其后，有一些学术组织有了新的要求，尤其是博士论文，要求"按拆分出来的问题分类归集综述"。显然，这是有一点难度的，甚至文献综述要在论文基本完成之后详加整理。难度主要体现在对研究问题的理解上，还要恰当拆分，用拆分出来的问题统御综述对象。这样，有"综"有"述"，"综"就是问题统御的纲领。这种综述方式显然优于前者。

3. 按自主逻辑夹叙夹议

更好的综述方式是"按自主逻辑夹叙夹议"，这是一种"为我所用"的综述方式，只有在一个领域浸染很久才能精练如斯：

　　社会科学从诞生至今始终没有作为一门严格的科学而得到大家的公认，其中最主要的原因就是社会科学缺少精确的量化描述（陶远华，1989）。当然，现有的社会科学实证量化研究在数学表达上日趋精审，但与真实世界的契合度有限。"一门科学只有在成功地运用数学时，才算达到了真正完善的地步"（拉法格，1941），照此标准，社会科学运用数学进行量化研究的程度远远没有达到完善的地步。社会科学"学术思想和研究的演变过程受到特定历史条件下研究方法和分析手段的深刻影响"（克鲁格曼，2000），其量化方法整体上还处在"相当初期和极其混乱的发展阶段"和"描写性、会诊性和学术性状态"（约翰·奇曼，1985；贝尔纳，2003）。近年来，随着混合研究方法以及信息化带来的社会测量水平的不断提升，社会科学研究的这种状况似乎迎来了改变的契机。①

　　真正的综述是立足学术前沿，站在浪尖上，站在学术争论的焦点上，进行比较，寻找差异，在分类基础上进行归纳。可以适当地采取命名法，用独到的框架进行整理。很多人不会写论文的原因，是误把教科书当作论文写作的范本。教科书的特点是，一、二、三平行罗列，而研究著作的特点是向前推进。起码就表面特征而言，一个是横的，一个是竖的。比如，教科书讲究一、二、三、四、五，平面罗列，不必深入研

---

① 米加宁，李大宇，章昌平，等．大数据与社会科学量化研究[J]．实证社会科学，2017，3（1）：13-32．

究。论文是找到一个问题，一步一步往前推进，最后推导出来令人信服的结论。研究题目缩小，但深度、厚度大大增加。做学术论文，要单刀直入，切忌贪多求全，四面开花。

很多人的论文，单从题目就看得出来，不是做研究的，因为只有"范围"而没有"问题"。论文的写作不能只谈"范围"不论"问题"。找到一个好题目，很不容易。好题目本身便体现了作者的研究思路。提出一个有价值的问题，已经不只是找到研究对象，而且还蕴含了作者的思路、方法和策略。其中涉及的几个小问题如下。

1. 综述的起点

恰如牛顿所说，站在巨人肩上，抑或侏儒肩上，"吹毛求疵"，社会科学研究很少是空穴来风。

西方学者的论文几乎都有一个不言自明的范式，就是开篇提出问题，然后陈述其他研究者对这个问题的看法。没有其他人的看法，只有你一个人的看法和见解，只能是这个问题未曾出现过。以他人的见解为基础，提出自己的看法，这是一个必需的环节。虽然我们很少有牛顿的幸运，一下子站在了巨人的肩上，但即便不幸，也要找到侏儒，作为综述的起点。否则，"没嗑唠"或者"唠不到正点上"将是不好应付的尴尬。

2. 综述的终点

经过比较，找到差异，进行归纳，提出自己的论点。在这一点上，有些人曲解孔子的做法：述而不作。综述的目的是在整理、研究他人的思想基础上，提出自己的看法。否则，整了半天"事"，放在一边，自己"整事"的目的是什么都忘掉了，真的成为"没事整事"。"事"需要解释。在对他人工作的评判基础上，提出自己的主张，即研究假设，然后给出一个试图解答的框架，为个人进行论述设定基础。

3. 综述的实质

文献综述的对象是"说法"，是在此之前一些先进人士对此问题做过研究给出的判断。一些初学者，囿于各种原因，将一些实操性的"做法"误认为是文献综述，将"做法"当作"说法"是错误的。更有甚者，有人认为文献综述是可有可无的。实质上，文献综述检验一个研究人员是否站在学术前沿，检验一个研究人员是否掌握了本研究方向的基础知识，尤其是答辩决议上的一个选项，检验其是否"掌握了/基本掌握了本学科基础知识和学术前沿"，这些从文献综述上可见端倪。

摘要与结论

把摘要与结论放在一个题目下讨论，是因为二者之间关系紧密，又往往易于混淆。

先说摘要。摘要，从字面上理解就是摘录要点。有时不明就里，容易出现"要而不摘""摘而不要"，摘录的都是一些无关紧要的东西，有价值的没有提取出来。

一篇文章的要点是什么呢？就学位论文来说，要点包括以下几点：（1）研究的问题是什么，这是最为重要的一点，开宗明义；（2）研究意义是什么，简要的一句话尽显不得不为之；（3）用什么方法开展的研究，尤其是一些独特的研究方法要明确告知；（4）展示研究内容，把主要做的东西分项提炼析出。

上述内容基本涵盖了"干的是什么事""为什么干（意义）""用的工具是什么（方法）""怎么干的（研究内容）"，但没有"干出来的东西是什么"，即"干的结果是什么"。这一部分内容恰恰是结论部分要表达的。故，学位论文的结论与摘要的最大区别是"干什么了"与"干出来的东西是什么"。

提炼结论要坚持的一条准则是，用确定性的语言给出明晰的判断。所谓确定性语言，就是做结论的时候不宜犹豫，避免模棱两可，尤其不要用虚拟语气。肯定性判断句"A 是 B"，是最具确定性的判断。所以，每一条结论的第一句话用"A 是 B"进行提炼比较醒目。所谓明晰的判断，是指判断本身具有排他性，表达的对象边界清晰，不能牵强附会，不能藕断丝连。

一篇学位论文的结论要有多少条？大多数高校院所都有明确的规定，一般也就是 3～5 条，不会太多。试想，结论是真理性认识，或者是"类真理性"的认识，一篇学位论文列了 10 条以上的结论，一所高校一年毕业 4000 名以上研究生，一年之内这所高校将产生 4 万条真理或"类真理"。显然，这是不现实的。更何况，一篇学位论文受到工作量（体量和深度）的限制，不可能做出很多结论。

很多人习惯按照论文的章节次序排列结论，不是不可以，只是有一些随意，建议按照重要性排列结论，最重要的放在第一位。

将摘要与结论分列，在学位论文中比较常见。杂志上发表的学术论文则不是这样子的。学术论文的结论一定要融合在摘要之中，甚至占据摘要的主体地位，即，学术论文的摘要以结论为主进行概括。这是两种文体在摘要上的区别。

参考文献

有人问，参考文献必须有吗？新闻媒体上面的文章没有参考文献。是的，政论体文章、文学作品等不用参考文献，学术体文章必须有。即便有人宣称，我的文章是原创性的，没有可参考的文献，这是另外一种形式的谶妄。任何一种惊世之见大都是在荆棘丛生的荒芜败絮中绽放。问题不是参考文献需要与否，而是需要辨别哪些东西能够作为参考文献。研究伊始，就能够取精华去糟粕，将是省时省力的事。

严谨的学术研究遴选参考文献，用"三个像样"概括：像样的作者在像样的杂志上发表的像样的文章。像样，北方口语用词，用学术体表达就是"有影响力的"。文章、杂志和作者是否像样，很难量化，但有一个重要指标可用作判定，引用率（包括下载量和阅读量等外显指标）。像样的文章一定有很多人引用，像样的杂志一定有很多专业人士阅读，像样的作者一定被业内很多人认可。

第一，像样的作者。写"学术文章"的人很多，在一段时期内，这是制度安排的产物。一些行业规定，晋升职称要发表一定数量的论文。对那些以实务为重，并不从事研究工作的人来说，被迫发表论文只是满足形式化要求的某种策略。又有一些高校要求硕士研究生必须发表期刊论文才能取得毕业资格；甚至，有些学校对博士研究生毕业不只要求发表 SCI 论文，还有数量要求；大多数高校年度考核 KPI 中最重要的指标还是论文，教师只能采取"犬儒主义"策略，不求质量，但求数量达标。由此导致一些初学者和"不学者"粗制滥造一些"学术论文"。就学术质量而言，这类论文不那么"像样"也在情理之中，这已经是行业的"默认值"。问题是大量的文章冗余给后来者带来了巨大的信息成本。因此，寻找像样的作者已经成为入门者的基本训练课程。

第二，像样的杂志。杂志是否像样之所以成为一个问题，是因为不像样的杂志有很多。作为公共物品，杂志需要"供养制"才能办下去。在财力有限和基金发育不足的情况下，一些学术类杂志很难维持生计，收取"版面费"反倒成为一种常态。做得极端一些，将杂志变成盈利媒介者并不鲜见。在学术尊严与盈利之间把利润最大化作为方向，只能牺牲学术。因此，可见的杂志并不都是像样的，那些在学术与盈利之间把握平衡又不失学术追求的杂志已经很不错了。找到像样的杂志，通篇浏览，精心选择论文。

第三，像样的文章。在数字化大背景下，文章，包括论文，随处易得。在荒芜中选择像样的文章比较耗时，这是无奈的，毕竟寻找资料就是在做研究。一条有价值的经验是，受"大数原则"驱使，被引用多的论文就有可能被更多的人引用，所以，遴选参考文献要优先选择那些引用量大，下载量和阅读量大的论文。

当然，例外也有。并不是所有像样的文章都发表在像样的杂志上，也不都是像样的作者写的。像样的作者终其一生学术研究能够发表几篇代表作就不错了，其他文章依然是"为稻粱谋"的数目字。

参考文献，除了坚持"三个像样"进行遴选，还要把握的是，一些文本不宜作为参考文献。

（1）教科书不能作为参考文献。教科书是用来普及与传播知识的，辑录的内容以"平稳、扎实、可靠"为宗旨，很少展示学科前沿成果。用教科书作为参考文献写出来的文章，记作科普尚可，学术性将大打折扣。

（2）图书慎用。与学术文章比，图书出版更为"自由"一些，只要政治上不出格，一般都会出版。像样的杂志发表学术文章大体上要经过严格的"三审"机制，学术审查比较严格。当然，有一类图书是论文结集，也不宜作为参考文献析出，因为所辑录的论文大都能够找到出处，还原成杂志论文为好。

（3）领导干部讲话不宜作为文献析出。领导干部讲话很重要，这一点不容诋毁。领导干部讲话有一些是政论体的，又有一些是偏于执行的行政指令，并非学术体的。既然领导讲话重要，文内直接引用即可。

（4）引用外文要慎重。年轻学子外语水平越来越高，阅读外文文献并引用已经没有什么障碍。需要慎重的是，遴选外文文献同样要遵循"三个像样"原则，且一篇文章中文献占比不宜过大。否则，有"掉洋书袋子"之嫌。

第四部分 04
理论建构

理论及其功能

恩格斯在《反杜林论》一书中给出一个经典判断："一个民族要想站在科学的最高峰，就一刻也不能没有理论思维。"这句话之所以重要，是因为理论思维决定了一个人，抑或一个民族所能达到的高度。恩格斯的论断在回答，理论不是可有可无的问题，而是一种必需品。甚至，人接受正规教育，本质上就是在被实施一种"理论化"的过程。

一、什么是理论

将理论一词拆开看，有理有论。论是论断，即判断，也就是说理论由判断构成；理，在词源学上从玉，与玉石有关，把玉从璞石里分离出来，顺着内在的纹路剖析雕琢，引申有纹理之意。万物之组织上的纹路即为理。理论，就是由多个逻辑化的判断组成，具有一定规律性的体系。所谓逻辑化是指判断之间具有关联性，而规律性则体现在判断之间存在着因果关联特性。

给理论下一个清晰的定义，并不是一件轻而易举的事。理论，往往与定律、命题、主张、见解相联系，它们之间有一定的近似性。在自然科学领域，理论一般是可以被证明是正确的或者错误的命题和规则体系。与信仰、看法有着根本的不同，看法、信仰不能被证明为错，尤其信仰来自个体自身，无所谓对错。

一般说来，对理论的性质描述，一个是从过程取向进行的，另一个是从划界角度进行的。

在过程取向的定义中，理论是用来说明各种稳定关系的一般性知识体系。它能够对许多孤立现象做出一般性解释。一种理论是由多种假设组成的，假设就是关于某些关系是如何出现的各种观点。因此可以基于理论进行推论，提出许多不同的假设，这些假设可以用同一种理论作为基础。假设是由可以进行多种检验的选择组成，选择指涉的是如果假设得到证实或证伪，经验现实将是什么。这样定义理论，意味着理论不能由经验现实直接验证，经验现实直接验证的是由理论推导出来的各种假设。于是，理论是在一般层次上的一个陈述，假设是由理论推导出来的一个具体陈述。

从划界角度对理论进行定义，是指把理论与其他陈述划分开来。科学史上一个比较大的争论是如何对理论进行划界的问题——如何区分科学和非科学的问题。20世纪中期，维也纳学派（Vienna Circle）与证伪主义的代表人物卡尔·波普尔（Karl Popper）在辩论中提出了这一问题。他们都认为科学与非科学的分界线可以通过事实检验来确定，是验证标准使科学有别于非科学，如规范性陈述与猜想的差别。分歧产生在理论作为最终真理的地位问题。波普尔认为，确定理论的真实性是不可能的，即便是从同一种理论中正确地推导出来的已经得到验证的结论，也并不能构成终极认识。比如说，对于"澳大利亚的天鹅是白的"这样一个结论，即便有一万只天鹅都是白的，如果发现了一只黑天鹅，也就证明上述结论是错的。证明一种理论为真不可能，但可以证明它为伪。终极真理是不存在的，这并不否定理论的价值。在波普尔看来，科学的任务就是证明理论无效（证伪），而不是建立一统天下的终极真理。根据波普尔的这种划界定义，一种理论是可以由事实证伪的一种一般性陈述。证伪同样通过上述过程生效：理论、可证伪的假设和验证。

二、理论的形态

理论的模样很不相同。一本书可以是某理论。一个数学公式和一个减缩的句子可以是一种理论。"三个代表"，三句话就是一种深刻的理论。社会科学中的理论相当于管理学中常见的模型。所以识别理论的前提是，不能假定理论都是长篇大论。

$y=f(x)$ 是理论形态的极简样式。一般说来，一个理论是有关某一现象借助于一定方式影响另一现象有时又产生了新现象的论点。在形式化表述中，现象可以抽象为自变量 x、因变量 y：因变量 y 发生了变化，是因为自变量 x 发生了变化，x 导致了 y 变化，即 $x \rightarrow y$。在社会科学中，这种思维方式、论证方式和考察方式非常常见，比如，"新技术（克隆技术）对伦理关系的影响"之类的理论研究题目，就是这种理论展开的基本样式。复杂一点的研究双向作用关系，往往加上"互动"（interaction）研究之类的名称。比如说，"技术创新与制度创新的互动关系研究"之类的题目，就是这种典型。

实际上，这是深受自然科学中牛顿力学影响的思维方式。我们思考一下牛顿定律就能有所体会。作用力是力的施加者发出的，反作用力是受力者对施加者的作用。统而言之,施加者与受力者二者之间形成的就是互动关系。理论研究的直接指向就是诸如此类的关系。关系是实在的。战场上击毙几个对手,死掉的对手是谁,这类问题不重要,重要的是在敌我关系中取胜的问题。在对关系的探讨中形成的理论,其样式是不一样的。比如,上面说到的 $x \to y$ 关系、互动关系就可以有不同的理论表述形态。这些还都是两个要素之间形成的关系,如果再引进其他变量 x_1、x_2、x_3、x_4 等,问题就变得更复杂了,理论表述的形态和理论样式也随之更加复杂化了。甚至有时会无法表述,比如,"三体问题"就是一个至今不能给出理论表述形式的问题。当然,更多的时候,不能理论化的对象制约着理论的产生和发展。

在更为常识的层面,理论往往是被用来指称与具体的东西相对的某种抽象的东西。说某人是理论家,意味着这个人可能不研究实际事物,更大的可能是,这个人只会纸上谈兵,在墙上画图,上不了战场,空洞教条,言之无物。这就涉及一个更为关键的问题,理论的寓所问题。

三、理论的寓所

理论常在,住在哪里?

理论之树常青,但一定要根系大地。理论一旦脱离所对应、所指称的事实,即走向了"神学或者玄学"。同样,社会科学理论脱离社会事实会变得比巫术更加可怕。

理论寓存于事实,在两个方向上与事实紧密相连。一个是"用理说事",即用已有理论解释事实,尤其是追溯成因;另一个是"用事说理",用以解释事实成立的依据。当理屈论乏的时候,恰恰是新理论萌

四、理论的功用

理论的"预测功能"。一种理论可真可假,其真假通过对具体假设的演绎来判定,假设又由经验证据来验证。一种"真的"理论大都能够得到经验证实,一种好的理论是一种能够预测未来事件发生的工具。当然,就其时间性而言,同样适用于过去和现在。

理论的"解释功能"。一种理论是否有效,即是否有用,是否有大用,取决于理论本身是否可以进行演绎,是否能够推导出来一些更具有解释力的假设,这些假设又要由可获得的经验知识来验证。就理论的效用而言,解释能力强的理论往往空泛,解释能力弱的理论专用性较强,就是常说的"特定的问题有特定的解"。

理论的"立法功能"。一种理论是一种思想工具,用于将大量复杂的事实引入秩序,即"理性为自然立法"。社会科学理论为人们认识社会实在"立法",将社会实在推进到可认知状态,增加社会的通透性。

五、理论不是什么

1995年,斯坦福大学和加州大学伯克利分校的两位教授发表一篇文章,讨论"What Theory is Not",给出的明确判断:(1)参考文献不是理论;(2)数据不是理论;(3)变量和构件不是理论;(4)图表不是理论;(5)假设不是理论。[1]

---

[1] SUTTON R I, STAW B M. What Theory is Not [J]. Administrative Science Quarterly, 1995, 40 (3): 371-384.

这些看似常识的判断之所以有引用的价值，是因为对初学者来说，经常会出现"文献引用被用作掩盖理论缺失的障眼法""理论大都把数据作为经验基础，经验性证据对确认、修正或质疑现有理论有足够的价值，并且能够引导开发新理论，但支持理论的证据的数量同理论本身的区别还是很明显的，正如明茨伯格说的那样'数据不会产生理论，只有研究者才会'""对变量和构件进行很好的界定接近理论开发……但并不构成理论""图表只是道具，而不是演出本身，好的理论往往是具象的，可以用文字表达的""假设是精心设计的概念性主张的一个重要组成部分，是连接理论与数据的关键桥梁"①，但未经证实，因而不是理论。

---

① SUTTON R I, STAW B M. What Theory is Not [J]. Administrative Science Quarterly, 1995, 40 (3): 371-384.

拆 分

在我们的传统文化中,"整体论"思维方式一直在发挥作用,比较典型的是中医问诊。"听、闻、望、切",都是把人体看作"黑箱",通过察言观色、检验"进出口"寻找病因。给出的解释,对笃信者来说不会怀疑,而对批判者来说就是"不靠谱",靠谱的是以现代科学为基础分科而立的西医。西医以还原论建基,分门别类进行循证。

中西医的是是非非,我们暂且不论,我们关注的是"还原论"项下认识与解释问题的方式。对于一个大问题,从外向里看总是隔着一层雾,因而有必要从"生成论"视角打开黑箱,这就引出一个很重要的思维方法——拆分,即把大问题拆分成若干小问题逐个加以辨别,这样才能运思深入。

有些同学在设计调查问卷过程中,对于设计出来的条目不明所以然,以为是随便定义的。事实上,调查问卷给出的条目是拆分的结果,追查存在问题的问卷是对现存问题进行拆分,寻求验证性结果的问卷同样隐含着对问题的拆分,拆分得当才能获取可用的结果。当然,在指标的表达形式上尽可能让大家一眼就能看明白,过于学术化的表达适得其反。

大问题拆成小问题不是一件简单的事。有一些问题无法拆分，拆开后整体属性荡然无存，甚至拆成单个后失去了认知与解释的价值，则不需要拆了。

更多的时候，拆成若干小问题，辨析得也很清晰，一旦加总又回不去了。这种情况下，问题可能出在被拆成的小问题（要素）之间的结构关系被忽略了。

$y=f(x)$，$x=x1, x2, x3, \ldots\ldots$

x可以拆成$x1$、$x2$、$x3$等要素，它们的变化对y都有影响。如果$x1$、$x2$、$x3$等要素边界并不清晰，它们之间有较强的关联性，$x1$的变化可能引起$x2$或$x3$变化，这就是一个非常复杂的状况：

集合A与集合B的交集，即$A \cap B = \{x \mid x \in A \wedge x \in B\}$

这不只是单纯的数学抽象，而是社会事实的一种真实的存在状态。边界清晰的$x1$、$x2$、$x3$反倒是理想状态的假设。有人问起，博士论文的深度如何标定，我的理解是，有深度的博士论文要做到$x1$、$x2$、$x3$等要素之间通过交集产生的关联项，即$A \cap B$，它是什么，如何产生的，发挥作用的机理是什么，等等。这就比简单地看x对y的影响要深入得多。

拆分有一些经验性原则需要思考。

同位性原则：同位性是指被拆的问题无论大小，拆出来的部分大小或者重要性处于一个层次，犬牙交错让人阅读起来不舒服。表现在体量上，每个小问题的论证、解释所花费的文字大致相同。

对称性原则：给各级标题命名所用字数尽可能相同，保持对称，名称长短不一不是不可以，而是不好看。从形式逻辑上看，字数相等或相近的命题在内涵上大致具有同位性，所以保持对称也就在情理之中。

第五部分 05
关键词解析

体制、机制与模式

在日常写作中，几乎很少有人去辨析体制与机制、模式与机制这些含义相近的概念到底有什么区别。大多数人沿袭"惯用法"顺势用之，听众大体上也能够明白言语者说的是什么。在一定程度上，概念是否清晰并不影响使用，概念和语境相关，在一定情境中，眼神都可以被用作交流，这就是波兰尼所说的"默会知识"在起作用。问题是，不明就里，很难用准，导致词不达意。尤其对学术概念而言，词义模糊是一种大忌。

事实上，在学术研究中，越想说清楚的往往越说不清楚，这大概就是"知者障"。体制、机制与模式大体上就是这类概念。我们结合日常经验尝试性地解释一二，权且作为一点体会。

一、体制

一种体制对应的是组织赖以建立的基础性的制度架构，这种基础性主要表现在要回答几个关键问题：（1）组织的属性是什么；（2）组织的治理结构是什么；（3）组织的运行机制是什么。

20世纪七八十年代在体制改革过程中，争论比较大的一个问题是，体制改革的目标是什么，姓"社"还是姓"资"，这是一件关乎国家命运的大事。邓公搁置此论，采取实事求是的立场，不问姓氏，开启了一个崭新的时代。简单一点说，成立一个组织，至少要回答一个基础性问题，谁拥有，是公有还是私有。在所有权清晰的前提下，公有私有问题所指向的是主体的身份问题，也就是合法性问题。

再往深处追问，这个组织是否具有合法性，在组织登记名录中如果没有这类法人类型，不只是无法进行登记，而且在法律认定层面上也无法生存下去。我们见过太多的联盟，大学—产业联盟、军民融合联盟、区域合作联盟等，成立仪式搞得轰轰烈烈，后续不见踪迹，正是"即生即灭"。原因就出在这类组织缺少"合法性"，连组织属性登记都没有着落，没有组织代码，无法在金融机构开户，也就是我们日常所说的没有"户口"，怎么运行？

在合法性明晰基础上，组织的体制要面对的另一个关键问题是治理结构问题。注册成为法人组织，股东持股，有而不管，股东会采取委托经营方式，由董事会决策，经理层执行，这是现代企业制度的核心，也是迄今为止被证明为最不错的治理结构。当然，这种有"委托—代理"理论支撑的现代企业制度也有不完善之处，比如，运行一段时间之后会因为科层制逐步走向僵化而效率趋低，委托—代理过程中容易出现僭越、贪腐等败德行为，这就需要建立一套"自清洁系统"进行纠偏。

组织运行机制是一套体制能否有效运行的核心问题。20世纪八九十年代在创新热潮中依托高校纷纷建设的大学科技园，也注册成为企业法人，包括新近兴起的依托高校建设的重大科技基础设施（简称：大科学工程)。出发点很好,依托大学建设创新型组织能够实现优势互补。事实上,互补效应并未实现,导致大学科技园衰落,大科学工程在这样一种架构下也很难说能够取得预期成效。组织运行需要一套机制,其中关涉的重要问题是与"责、权、绩"相关的规则设计。责任是组织及其个体承担的并需要完成的任务,权力是执行任务的许可限度,绩效是完成任务的效果。责任大、权力小,或者责任小、权力大都是权责不匹配的表现,容易滋生各种行政与管理问题;离开责任与权力及其匹配单纯地进行绩效考核,还要加大激励力度,都可以看作某种谵妄,或者叫作僭越。

组织设计中预期出现的优势互补,大体上通过"桥接机制"(bridging dynamics)实现,前提是"责、权、绩"规则必须清晰且被接受,比如,"单位体制"下"人身绑缚现象"不改革,严重制约着创造力流动,期望"高薪养廉""高薪养优""不求所有,但求所用"更像是呓语,可以说说,但当不得真。

二、模式与机制

日常生活中,体制机制连在一起用,其实二者的区别是很大的,更有甚者,在使用过程中将模式与机制混为一谈,在我们汉语语境中鱼龙混杂,实在是一种无奈。

在英文表达上,模式一词更多的时候用的是 model,或者 pattern,呈现的是静态的要素之间的结构关系,就像是将一棵树锯断,可见的横截面上有年轮,是树木生长过程中形成的一种带状木质组织,是一种圈层结构。用一句话概括,模式表达的是静态的要素之间的结构关系。

有人用 mechanics 这个词指称机制。mechanics 原本是指与机械或机器（machine）有关的事物。后来其词义逐渐演变为探究物体机械运动本质的学问，即字典里面所说的静力学。后来 mechanism 一词逐步衍生出机制、机理之意。但，这是不准确的。

机制表达的是某种作用关系，更为重要的是这种作用关系隐含着过程要素，即时间，没有时间的过程是某种静态的存在，是抽象的存在，剔除时间，可能永恒但不真实。虽然其中也蕴含着结构关系，却是静力学意义上的存在。因此，用 mechanism 一词指称模式似乎更为妥当。

在英文中，dynamics 一词表达的是物理系统随时间的变化及其背后的原因，字典上的含义有"动力学"一解。用这个内含时间序列的词指称机制更为恰当，机制就是要素之间应时而变的作用关系，要素之间一般存在着主动与从动关系，要素权重有大小之别，要素变化可能衍生出来"新生境"，即新的结构关系，这是动态演进的必然结果。

化

早在1945年，毛主席在党的七大政治报告《论联合政府》中就提出，在抗日战争结束以后，"中国工人阶级的任务，不但是为着建立新民主主义的国家而斗争，而且是为着中国的工业化和农业近代化而斗争"①。1959年年末至1960年年初，毛主席在读苏联《政治经济学教科书》笔记中，对这一提法做了完善和补充。他说："建设社会主义，原来要求是工业现代化、农业现代化、科学文化现代化，现在要加上国防现代化。"② 到了20世纪70年代末，邓先生确定："我们要实现的四个现代化，是中国式的四个现代化。"③

---

① 在抗日结束以后，可以预断，中国工人阶级的努力和贡献将会是更大的。中国工人阶级的任务，不但是为着建立新民主主义的国家而斗争，而且是为着中国的工业化和农业近代化而斗争。（毛泽东选集：第3卷［M］. 北京：人民出版社，1991：1081.）
② 毛泽东文集：第8卷［M］. 北京：人民出版社，1999：116.
③ 邓小平首先提出了"中国式的现代化"概念。1979年12月他在同日本首相大平正芳的谈话中说："我们要实现的四个现代化，是中国式的四个现代化。我们的四个现代化的概念，不是像你们那样的现代化的概念，而是'小康之家'。"（中共中央文献研究室. 改革开放三十年重要文献选编（上册）［M］. 北京：中央文献出版社，2008：99.）

可以说,"化"字伴随着我们这代人的学习与生活始终,即便到了今天,"信息化""数字化"仍然不绝于耳。可以毫不夸张地说,"化"字是读懂公共政策的密钥,也隐含着做学问的玄机,理解了这个词,大有"一化解千题"的隔世洞明之感。

字典里有关"化"字的解释是,"性质或形态改变"。在讨论理论样式的时候,曾经给出一个理论形态的简略样式:$y=f(x)$。再进一步,我们在中学学习时见过 $\Delta y=y_2-y_1$,由 y_1 到 y_2 的状态改变可能是形态的改变,也可能是性质的改变。故,理解了这个"德尔塔"(Δ),也就理解了"化"字。

变化是常态,应了那句"系辞千万,恒定惟变"。对一个系统而言,化有"三态"。一个是变化前的状态,即"化前态",包括形态是什么,性质是什么;另一个是变化之后的状态,即"化后态",形态与性质如何表达;还有一个是"化中态","化中态"可能有新结构产生,导致系统趋于复杂。

形态由内含要素的结构关系决定,性质由功能展现。以"数字化"为例,要说清楚的是"化前态"中主要要素的结构关系是什么,具有的属性是什么。在没有数字化支持状态下,政府绩效考核把"德、勤、技、能"等定性指标作为抓手,往往因为缺少数字支撑流于形式。在大数据条件下,可以通过建模等场景还原途径将败德行为及其危害定量表达出来,可以通过测量多维参与频度等手段核定"勤",而不是简单地通过计数出勤率进行考核,这种引入大数据(建模、仿真、优化)等技术手段带来的政府管理方式变革日见旺盛。推动考核形态改变,致使"化后态"发生了根本性变化,管理效率也在逐步提升。

导入技术要素，引发其他要素发生变化，德与勤等内涵都会发生改变，更为重要的是技术与其他要素之间缔结呈现新的结构方式，通过追问化的第三种状态，即"化中态"，可能出现的新结构关系，可能通过功能实现显露出来的新性质，这是研究走向深入的重要环节，是"好论文"所要求达到的深度，也是博士论文的必备项。这种追问等于在寻找"Δ 是怎么来的"。"化中态"出现的新结构关系，既是过程中的产物，又是"化后态"的主要构成。论文写作追问到这一步就变成有价值的工作了。

困　境

　　困境是一种疲倦、艰难的状态。有一幅漫画，某人被狮子追到树上，树上盘踞大蛇，树又立于悬崖边缘，悬崖之下是一潭老水。继续爬树会进入蛇腹，回到地面难逃狮口，跳入水中鳄鱼饥饿难耐。这大概就是极端条件下的困境。这种处境下，无力感从每个汗毛孔溢出，毫毛比山重。

　　困境是一种轮回状态。加西亚·马尔克斯在《百年孤独》这部小说中描写，小镇马孔多的布恩迪亚一家至少有7代人居住在这里。家族的成年人每日炼金子制作小金鱼，然后到镇上贩卖，换回金子再做金鱼。这个循环一直在延续，日子与世隔绝，孤独到死。甚至，几代人连名字都懒得起，就叫一个名字吧，外人最多以"Ⅰ世、Ⅱ世、Ⅲ世"做出区分。

　　困境是一种"局"。酒局、麻局，有人入局兴奋，有人入局即困，比如，"职业倦怠"。其实，攻读硕士博士学位也可以看作"入局"：日子天天过，轮回；百思不得其解，困惑。一旦出现这种症状，就意味着身入困境。

如何脱困，不只是个体体验问题，更是文章写作中绕不开的关键环节。个体状态脱困与描述脱困大体上是一个道理。如果困境是客观的，每个人无时无刻不在社会实在的冲突和纠缠中度过，有的人体会到了，甚至体会得更为浓烈一些，很大限度上这又是一个认知问题。于是，脱困又可以追溯成一个"认知解"。

脱困大体上有三个方向，一个是要素脱困，一个主要要素的变革或者更替，或者引入一个新要素，对困局是一种冲击。就像一个沉默的饭局，突然来了一个新人，新人如果强势，一定打破原有的平衡，甚至导致曲终人散。

另一个方向是边界突破。所谓边界就是设局的一些初始性规则，如果把初始性规则放大或者变更，原有的局可能就不成立了。这种脱困的方式比较常见，比如，一种游戏，作为一种人为设定的局，游戏的人突然提出"不玩了"，局也就结束了。再有一种突破方式是，建立新的结构方式，比如，建立新的"小团伙"，推动原有的局进入一种新的平衡态。

人在局中，时刻受困，随遇而安，临危不乱，处变不惊，这是古书里面的谦谦君子之风。作为一种境界，心向往之吧。

措施、对策与建议

这是一组词义相近,看似很容易辨别的概念,在使用中却有很多人用得不甚精准。

大致说来,建议是处于下位的人向上呈报建设性意见,即上呈建言;对策偏重于制订战略性方案,是处于同位之间的一些言论;措施则是实操性规则、程序或者步骤。三者之间,从"我"的占位角度看,有上中下之别。从涉众面角度看,建议偏于宏观,对策中观性强,而措施强调的是具体性,越具体越有应用价值。这三者不宜组合在一起使用,有些人未经斟酌,随意写成"对策建议",有些不伦不类,说给谁呢?

新主张落地实施,无论是作为措施,还是对策都要有针对性,这是起码要求。机载导弹空对空还要有个准头,没有准头的对策和措施就是纸上谈兵。

第六部分 06
范文辨析

前面几部分讲的大都是一些原则性的经验，经验易得不易传，只有亲身经历，尤其经历了切肤之痛，才能在大脑里留下痕迹，才能用以修正行为。鉴于此，在这部分我们选择几种不同类型的文本进行辨析，至少在直观上能留下些许深刻一点的痕迹。

学术论文

学术论文表达的是思想，尤其是在学术上的新想法，采用论文形式把研究成果告知大众是一种比较理想的选择。而写论文又是一件必须倾力而为的工作，不可能依靠投机取巧的方式完成。

对初学者来说，一开始总想找到"好论文"作为模板揣摩写作路数，一旦有了感悟并获得经验，便开始炮制，进而产生某种极端行为，一年发表十余篇 SCI 论文，甚至更多。这种做法本无可厚非，形式化规则毕竟是考核科研人员的"魔咒"。倘若人人如此，就不是做研究了，而是把论文写作当成了游戏，并不可取。

论文写作确实是从模仿开始的，被认为是"好论文"的作品，成为模仿对象。"好论文"好在哪里？我们从构成上辨析这些论文，鉴别"好与坏"。限于笔者从事的学科，在这里选取的例文都出自管理领域，尤其是公共管理学科。这种学科限定，对一些读者来说存在一些阅读障碍，但道理是相通的，可以借鉴其中的一些经验。同时，由于版权问题，选用的论文大都是笔者或者笔者指导的学生完成的，即便不是笔者指导的，也征得了作者的同意。

笔者在做博士后研究工作的时候，合作导师关士续教授承担了一个科技部国家软科学研究计划项目：区域创新网络与大学科技园的创新主体的功能定位（2001DG000035）的研究工作。项目成果是发表了一批学术论文。在此，笔者将这份研究报告作为学术论文进行了修改①，举例剖析，试图从中提炼出来一些写作经验。

报告题目：大学科技园的认知理路与战略选择

一、摘要

摘要，要提炼成"要而摘"的短文。一篇文章最重要的是经过研究得出来的与他人不一样的看法，即结论。因此，学术论文的摘要需要以结论为核心进行归纳。摘要伊始，简单一句话告诉读者本文所研究的问题是什么，以及研究这个问题的意义，其余的大体上就是几条结论。

---

① 研究报告见本书附录。限于杂志体量要求，笔者将这份报告拆分，主要内容以两篇论文形式发表，有兴趣的读者可以到"中国知网"下载。一篇是《大学科技园的网络本质与战略选择》（作者是丁云龙，刊载于《自然辩证法研究》，2004年第5期，第62-66页），另一篇是《论大学科技园建设的认知理路》（作者是丁云龙和关士续，刊载于《自然辩证法通讯》，2004年第3期，第43-50页）。

摘要：大学科技园已经成为一个凸显的论题方向。成功的大学科技园表现出来的本质特征是"关系的""结构的""无中心的""可扩展的"，并成为具有可扩展性的创新网络。一旦大学科技园发展成创新网络，就能够通过其网络效应、组织协同和"互利共生"机制，推动企业孵化和成长，增加创新型企业的收益，提高资源利用效率，成为创新型企业和创业者最好的"栖息地"。在审视大学科技园建设过程中地方政府和市场、技术和资本、企业和网络组织之间关系的基础上，把这些关系放在体制构架中理解，建议大学科技园建设应坚持政府打造网络通路、网络富集创新要素和资本"追逐"高新技术的战略原则。

二、提出问题

俗话说，提出一个好问题比解决一个问题还重要。对学术研究来说，论文选题是重要的，选题是否新颖，是否有价值，决定了论文能否发表，能否产生影响。

提出问题大体上有两个方向，一个是在充满纷争和争议的现实中提炼科学问题，另一个是在已有研究中找到入口，通过比较和鉴别推导出要研究的问题。事实上，一篇比较重要的论文在这两个方向上都需要进行深挖，进而提出自己要研究的问题。在这两个方向挖掘立题就是追求所谓的"顶天立地"。

本课题开展研究的时候，以大学科技园为研究对象，但国内有关这个论题的研究提供的资料不多，只能通过现场调研寻找研究问题。调研发现，大学科技园建设已经成为一种热潮。

大学科技园置身于大学所在地，地方政府的政策与大学科技园建设自然有所关联，比如，土地利用的便利性问题，决定了大学科技园"能否长大"；大学科技园依大学而建，抑或由大学衍生而来，大学自然地成为科技园的上级管理机构，大学与大学科技园之间的行政边界问题，决定了大学科技园"怎样长大"；大学科技园内企业发展一味追求"高、大、全"，而忽略创新网络的网络价值问题，决定了大学科技园"能够长多大"。针对这三个问题，通过比照硅谷及其他科技园发展历程开展研究，对我国大学科技园建设和进一步发展是有所裨益的。

三、研究框架

一篇论文是否需要研究（理论）框架，是一个有争议的问题。这要从理论框架的功能说起。粗略说来，一篇论文的理论框架其主要作用大致有以下两点。

（1）表达研究深度。读者从理论框架中能够看出作者导入的理论是否经典，是否位列前沿。

（2）预设研究起点。人看问题大都要戴着"有色眼镜"，其中包含透视角度、方法，以及认知基础。论文同样要有研究起点，这个起点就预设在理论框架之中。

由此看来，对于学术性有要求的论文自然要有理论框架，只不过不同类别的论文要求不同。

这篇论文就是以大学科技园建设中存在的三个问题"能否长大、怎样长大和能够长多大"为逻辑分析框架，先是在认知层面讨论了地方政府的角色定位问题，然后讨论了大学的"管理情结"与创新网络的本质,最后从"高、大、全情结"角度讨论了网络效应的价值。在政策建议部分,仍然从政府、网络和市场三个层面,在为上述三个问题寻求答案。

四、提炼结论

这篇文章采用了大多数论文做结论的路数,把结论隐含在段落叙述中,比较容易找到。

建设大学科技园的认知理路是克服"行政情结",推动大学科技园作为创新网络自发演进,并且强化自发秩序的可扩展性;克服"管理情结",发挥大学科技园创新网络功能;克服"高、大、全情结",坚实发展。

办好大学科技园,最为重要的是以下三点:政府建设网络通路,奠定创新网络基础;网络富集创新要素,充分发挥网络效应;资本"追逐"高新技术,发挥风险资本的作用。

学术硕士论文

这里作为范文进行辨析的是一篇学术型硕士论文，作者 2018 年从哈尔滨工业大学公共管理学学科毕业。这篇文章在逻辑设计上花了很大工夫，具有典型性。

论文题目：多重逻辑下中国环境治理的困境及形成机制研究[①]

一、论文大标题

作者在论文大标题上加了一句限定语"多重视角下"，并非多余。这是作者透视所研究问题的一个特定角度，并由此提炼出研究框架，是全文的创新点之一。如果不能够成为创新点，这句限定语就无须在大标题中析出，文内说明即可。

[①] 郝晓娟. 多重逻辑下中国环境治理的困境及形成机制研究 [D]. 哈尔滨：哈尔滨工业大学，2018.

论文大标题里面用了"及"字，表明作者所讨论的形成机制不是泛泛的，而是这个困境的形成机制，一字之差，含义迥别。

二、文献综述

作者将所研究的问题拆分成小问题，按照问题进行综述。从理论视角阐述环境治理模式的研究、环境治理主体由单一向多元的演变研究、多主体合作的环境治理模式的趋向性研究，从三个层面对国外研究现状进行综述。针对政府的环境治理行为的研究，研究对象向多元主体转化；以公众参与为主，多元主体合作的环境治理的研究，从三个层面对国内研究现状进行综述。显然，作者讨论的国内外相关研究的三个层面没有对应性，这是一种遗憾。

这种文献综述方式是值得肯定的，避免了"一摊稀泥"式的罗列。其实，论文要求写文献综述并不是凑字数，而是要求通过研读现有文献，通过梳理，从中挖掘出来已有研究的不足，这是研究者立足的起点。所以，在文献综述之后一定要有评述，以此界定自己的研究起点。且看作者所做：

1.2.3 国内外文献综述简析

国外对环境治理的研究起步较早，并更多地从公共部门经济学的角度出发进行研究，为环境治理模式的选择提供了大量的理论支撑。国内对环境治理的研究起步较晚，但也积累了大量的文献理论，给予了本研究夯实的理论基础。已有研究肯定了政府在环境治理过程中的作用，认同以政府为中心的环境治理的必要性。研究对象从单一主体转向了多元主体。以公众参与为核心的研究最为广泛，主要从公众的参与模式、困境及效果三方面进行研究。随着治理理论的逐步完善，学者将视角转移至对环境治理的模式研究，并以多元主体合作的方式来构建多中心的合作治理范式。综上，国内外学者对环境治理的研究都经历了从单一制的环境治理模式向多元合作模式的转变，研究内容及方向越来越完善，但仍存在以下缺陷。

（1）研究的核心问题泛化。从国内外研究的路径来看，尤其是国内研究深受国家政策的影响，学术跟风现象明显，更多的都是对泛化的环境治理的主体或者治理模式的研究，针对环境治理困境等具体性的研究缺乏深入探析的机制研究。

（2）研究主体的单一性。文献大部分以政府或公众为单一主体，研究政府和公众在环境治理中的主导作用或在治理过程中存在的困境。多元主体的研究在近年来才逐渐兴起，且关于多中心的研究还没有形成理论体系，没有提出具体的实施路径。

（3）研究忽视了困境的内在形成机制。过往的研究更多地在静态层面将困境逐一列举出来，从而忽略了困境形成的内在运作逻辑。这为本文的研究提供了切入点，本文将解释并分析现实的环境治理困境及其内在形成机制，为政府环境治理的模式构建提供理论依据。

（4）国内对西方理论照搬照用，缺乏本土化的研究。任何一套理论的应用都应该基于实际情况，加以改造才能真正发挥其效能。本文将基于西方多中心治理等理论，结合我国国情构建出适合本土的多元共治的环境治理模式。

作者给出的四条研究不足中只有第三条与她的研究紧密相关。因为已有研究忽视了"困境的内在形成机制",所以我有必要把此作为研究起点。但是,作者仅用一句话"本文将基于西方多中心治理等理论,结合我国国情构建出适合本土的多元共治的环境治理模式"就给出了研究对象,显得仓促。这里还需要展开讨论,尤其需要在因果链上解析为什么已有的研究忽视这个问题。只有给出更为详尽的解释,读者才能更加信服。

三、理论建构

我们先通过第二章的目录看一下作者的写作内容:

第 2 章 相关概念界定及理论框架构建
  2.1 相关概念界定
    2.1.1 环境与环境问题
    2.1.2 治理与环境治理
  2.2 相关理论分析
    2.2.1 公共物品理论:环境治理体系的构建基础
    2.2.2 公共选择理论:环境治理中政府的行为依据
    2.2.3 复杂人性假设:环境治理中企业与公众的行为依据
  2.3 一个分析框架:多重治理逻辑框架
    2.3.1 环境治理中的多元治理主体分析

2.3.2 环境治理中多元主体交互关系分析

2.3.3 多重治理逻辑框架的构建

第二章所写的内容是大多数高校学术型硕士常用的方式。相关概念界定，一般说来不宜重复界定常识性概念，除非在本文中有不同的寓意。

很多初学者可能是因为不明就里，照本宣科，在主要概念界定之后，直接写"理论基础"，从教科书上找一些理论罗列在这里。如果说这样做没用，还有一点相关性；如果说有用，又缺少针对性。等到答辩的时候，老师问起来，罗列这些常识性的理论干什么，作者自己也未必知道。所以，这部分被叫作理论基础的东西，本来就是可有可无的，最好删除，换一种样式。一篇文章导入理论是拿来使用的，而不是放在这里装点门面。这篇文章的作者深得要义，概念界定之后马上做的是构建一个自己的理论框架。并且，用了"及"字，表明这里所做的概念界定也是为构建理论框架服务的。

作者在"2.2 相关理论分析"一节中，做的确实是分析。有针对性地导入3种理论主张，把公共物品理论作为环境治理体系的构建基础，把公共选择理论作为环境治理中政府的行为依据，把复杂人性假设作为环境治理中企业与公众的行为依据，这种导入方式值得称赞。导入理论是要用的，每一种理论都是从它在本文中的作用与功能角度导入的。避免了理论与研究问题之间出现"两层皮"现象，而这个现象是评判论文等级的一个很重要的指标。

导入理论作为理论基础不妥，没有与所研究的问题紧密结合更不妥。但，这些都不是导入理论的目的，导入理论的目的是，在此基础上推衍出本文专有专用的理论框架，这才是一篇好论文应当具备的"把手"。

作者在2.3一节中试图建立一个分析框架。作者先分析了环境治理中的多元治理主体构成，然后进一步对多元主体的关系进行了分析，进而推衍出多重治理逻辑框架，见图6-3：

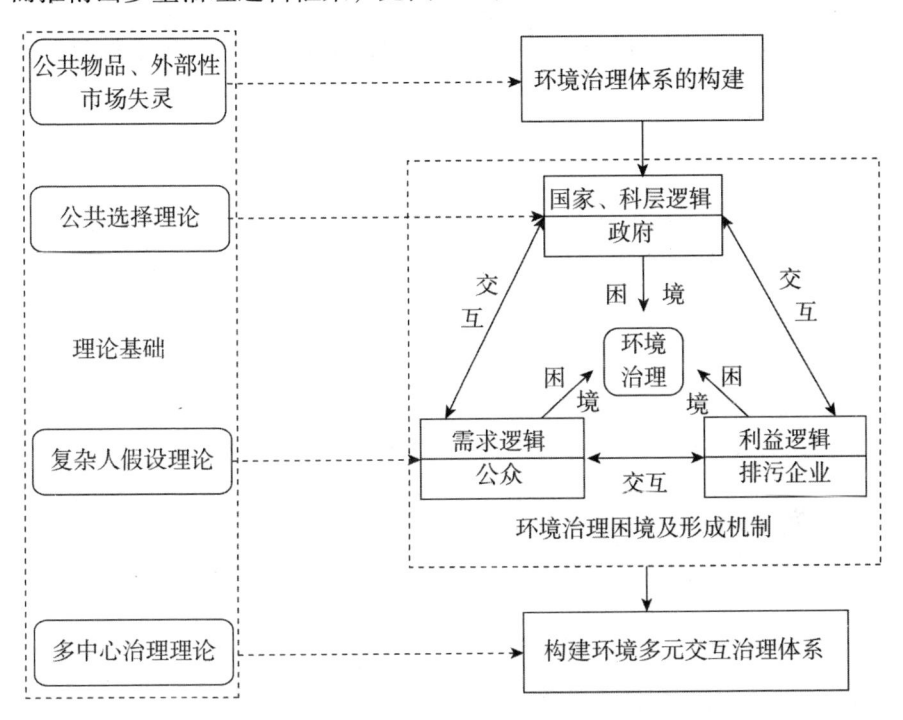

图6-3　多重治理逻辑框架

这个框架不是突兀地给出来的，也不是凭空臆想出来的，而是通过理论导入，并结合所研究的问题推衍出来的。推衍是一种论证，也就是说作者给出的分析框架是经过论证得出来的，更不是随意画一张图，像补栽大葱一样丢在大地上。

这个分析框架在全文中的作用是统合全文，类似于一个套件，在其后的每一章中都有使用。

作者把第三章拆分成3节，讨论环境治理困境问题，分别从政府、公众和企业3个环境主体展开。同样，第四章讨论环境治理困境的形成机制问题，在两个层面展开。一个是通过环境治理中多重主体的内在行动逻辑分析，把3个环境主体的行为逻辑剖析出来；另一个是对环境治理中多重逻辑之间交互关系进行分析，旨在揭示环境治理困境的形成机制。这种"要素—结构关系"分析图式是学理性分析的重要途径，值得推崇。再进一步，作者在第五章中依然使用分析框架这个套件，对多元互动主体间的利益关系进行梳理，试图建立多元互动的环境治理体系。

四、论文结构

我们先浏览一下这篇论文的全文目录，即全文的逻辑。

摘要

第1章 绪论

 1.1 研究背景及意义

  1.1.1 研究背景

  1.1.2 研究意义

 1.2 国内外研究现状

  1.2.1 国外研究现状

  1.2.2 国内研究现状

  ……

1.3 研究方法与研究内容

    1.3.1 研究方法

    1.3.2 研究内容及结构

第2章 相关概念界定及理论框架构建

    2.1 相关概念界定

        2.1.1 环境与环境问题

        2.1.2 治理与环境治理

    2.2 相关理论分析

        2.2.1 公共物品理论：环境治理体系的构建基础

        2.2.2 公共选择理论：环境治理中政府的行为依据

        2.2.3 复杂人性假设：环境治理中企业与公众的行为依据

    2.3 一个分析框架：多重治理逻辑框架

        2.3.1 环境治理中的多元治理主体分析

        2.3.2 环境治理中多元主体交互关系分析

        2.3.3 多重治理逻辑框架的构建

……

第3章 多重逻辑下环境治理的困境：基于石家庄案例分析

    3.1 政府在环境治理上的困境分析

        3.1.1 环境管理体制的变迁：由分权走向集权

        3.1.2 环保机构设置的条块交叉

        3.1.3 环保政策的冲突模糊性

        3.1.4 环境治理的运动式执法

    3.2 公众参与环境治理的困境分析

3.2.1 调查问卷设计和检验

3.2.2 社会调查数据的基本描述

3.2.3 公众参与环境治理的调查分析

3.2.4 公众参与环境治理的具体困境

3.3 企业在环境治理中的困境分析

3.3.1 访谈资料的收集

3.3.2 访谈资料的整理

3.3.3 企业积极环境治理行为的困境

……

第4章 多重逻辑下环境治理困境的形成机制分析

4.1 环境治理中多重主体的内在行动逻辑分析

4.1.1 环境治理中的国家逻辑：中央政府

4.1.2 环境治理中的科层制逻辑：地方政府

4.1.3 环境治理中满足需求的权利逻辑：公众

4.1.4 环境政策中利润保障的经济逻辑：企业

4.2 环境治理中多重逻辑之间的交互分析

4.2.1 国家逻辑与科层制逻辑之间的交互

4.2.2 科层制逻辑与经济逻辑之间的交互

4.2.3 科层制逻辑与权利逻辑之间的交互

4.2.4 经济逻辑与权利逻辑之间的交互

第5章 构建多元互动的环境治理体系对策建议

5.1 环境多元互动治理模式在中国的适用性分析

5.1.1 环境多元互动治理模式的内涵

<<< 第六部分 范文辨析

  5.1.2 环境多元互动治理模式的适用性分析
 5.2 多元互动主体间的利益关系梳理
  5.2.1 政府与其他主体间的合作关系
  5.2.2 企业与其他主体间的合作关系
  5.2.3 公众与其他主体间的合作关系
  5.2.4 突出多元主体中政府的主导地位
 5.3 多元互动环境治理的实现机制及运行
  5.3.1 制度供给机制
  5.3.2 信息共享机制
  5.3.3 利益协调机制
  5.3.4 监督考核机制
 5.4 本章小结
结论
……

  这篇文章是学术型硕士论文。从论文章节安排上即可看出，第二章是理论研究，第三章把石家庄作为案例，管窥一豹，通过精致案例分析概括环境治理困境。第四章是全文的核心，作者的核心主张和观点在这一章比较集中，是典型的学理性分析。有的时候我们赞成写好这一章，一篇硕士论文就达到了基本要求。此文作者在这一章做的工作不只中规中矩，似乎有些"超量"。
  如果说，第三章给出的是"出事儿了"，第四章在分析"为啥出这事"，第五章当然要回答"咋办"。

这篇学术型硕士论文是"理论前置主导型"的典范。第二章导入理论并建立分析框架，理论先行，谓之理论前置。所谓主导型是指用一个理论框架整合全文。

这篇文章是说理性的论文，但并不排除做了大量的实证研究工作。作者在第三章中把石家庄作为案例分析多重逻辑下环境治理的困境，就公众参与环境治理进行了问卷调查，就企业在环境治理中的困境问题做了现场访谈，这是非常可取的一手实证研究策略，也是好论文需要开展的工作。

一篇论文之所以被称为好论文，是因为其在多个层面做了大量工作，并且还要精心制作。只有花费心力，才能馨香四溢。

专业硕士学位论文

　　前面对学术论文和学术型硕士论文进行了比较细致的辨析，下面我们对专业学位硕士论文进行解读。作者是在职攻读硕士学位的学员杨晖，于 2020 年 3 月完成论文答辩。

**论文题目：珠海市社区物业管理多元共治模式
　　　　　构建与实施策略研究**[①]

　　专业硕士与学术硕士的一个明显区别是，学员在职读书，业余上课，学习时间短。专业硕士在读阶段正处于职业生涯的上升阶段，上班时间忙工作，下班后因为处于三代人中间的"双肩挑"时期，不得不承担大量的家庭责任。这种里外都忙的状态致使学员做论文的时间有限，属于忙里偷闲写论文。同时，专业学位教育是要付费的，这就导致

---

① 杨晖. 珠海市社区物业管理多元共治模式构建与实施策略研究［D］. 哈尔滨：哈尔滨工业大学，2020.

弃之可惜，继续做论文如同吃食鸡肋，食之无味。是故，建议学员及早动手，在上课期间就进入论文工作，毕竟最终能否获得学位取决于论文能否通过答辩。趁热打铁，一鼓作气，越拖延越被动，还要承担不小的心理压力。

专业硕士论文与学术硕士论文的一个区别是，论文选题要结合个人工作实际，也就是要从实际工作出发，在经历中追索经验，把个人经验推展到一般性层面进行理论挖掘。这对学员来说是一场比较艰难的考验，大多数学员都是跨学科进入专业学位学习的，所读专业积累不够，底子薄，上升到理论层面进行思考是弱项，所以我们提倡理论积累与实务"两手都要抓，两手都要硬"。

既然选题是一个现实问题，而现实问题涉及的范围就需要限定，所以专业学位论文的大标题都要加上地域或者单位圈定选题范围，不加限制会被误认为是全域的，能够得到的实证材料，包括数据、案例，毕竟是有限度的。没有限度就意味着混淆了学术硕士与专业硕士论文在选题上的差异。其实，近年来在一些高校，学术硕士论文选题越来越偏重于现实问题，与专业硕士论文在选题上越来越接近。应当说这是一种好趋势，在硕士层次，大家不宜都去搞纯理论研究，尤其是有一些学术硕士论文选题大而无当，"大而话之"，最后不了了之，勉强算作完成了论文写作训练。

2018年9月，全国公共管理硕士专业学位教育指导委员会下发17号文件《公共管理硕士（MPA）专业学位论文类型与撰写指导性意见（征求意见稿）》，推荐参考4种论文类型，即案例分析型论文、调研报告型论文、问题研究型论文和政策分析型论文。并且，就4种类型的论文给出了相对比较详细的写作要求。

2020年5月，全国工商管理专业学位研究生教育指导委员会下发MBA秘〔2022〕3号文《全国工商管理硕士（MBA）学位论文标准与规范（征求意见稿）》，倡导MBA学位论文按照常见类型撰写，两大类常见类型是案例研究型和专题研究型论文。明确要求"MBA学位论文必须从管理的现实中发现问题、提出问题，并运用所学管理知识提出解决问题的方案"。

这两大类专业学位硕士论文的要求大同小异，研究重点都是给出解决问题的方案，这也是管理学论文的共性要求。MPA论文类型有4种可选，MBA推荐了2种。这个要求还在征求意见，并未强制执行。就MPA论文而言，目前比较常见的论文写作类型大都是一贯执行的问题研究型论文，与MBA的专题研究型论文几乎相同。

下面我们结合杨晖的MPA论文透视专业硕士学位论文的典型特征。与学术硕士论文相同的特征就不需要重复了，在这里我们主要从差异处着手谈起。

作者在这篇文章里主要研究的对象是社区物业管理多元共治的困境，试图建立多元共治模式解决困境问题。

一、成因分析

在第2章，作者通过描述现状归纳了存在的问题，政府监管失控、企业服务失信，以及业主自治失效，进而形成了多元共治的困境。在第3章，作者比较系统地挖掘了困境产生的原因。从政府治理角度看，行政功能碎片化、政策供给碎片化，以及公共行政价值碎片化，是陷入治理困境的成因；从企业角度看，责任边界区分不清、信息不对称引发信任危机、缺乏市场竞争机制、公共政策体制存在缺陷，以及社会组织未能充分发挥作用，导致企业陷入约束力不足的困境；从公众角度看，公共服务供给短缺、公共资源利用无度、公共自制生态失序、公共政策失范，以及公共激励机制缺乏，致使业主自治陷入集体行动的困境。

进行成因分析，经常出现的问题是"因果混淆"。其实这是一个很简单的问题，出现某种混乱现象，自然要问谁干的，按照因果链条进行追溯，就是在做因果分析。

大多数时候，混淆因果问题主要是因为作者在用现象解释现象，未能在学理上进行追问。这篇文章作者做得比较好的是"一事三分"，从政府、企业和业主三个角度分别归因，这是一种学理层面的探讨。

其实，这一点是加分项。也就是说，评阅人员和答辩委员把这一点视为论文等级判定的一个重要环节。作者如果无视，容易丢分。

二、理论应用

这篇文章乍一看，似乎没有理论应用，其实不然。作者最初提供的文本拿出第2章写概念界定和理论基础。我的建议是，这种形似的章节安排走的是"两层皮"式的老路，经过修改去掉了，把其中与论文直接相关的，新公共服务理论、整体性治理和碎片化治理理论、多中心治理理论，放在1.3部分。这样处理尽管有胜于无，但毕竟没有导入理论构建专有专用框架，理论应用不彻底。

作者在后续的困境分析和共治模式构建章节坚持使用"一事三分"套件嵌入应用之中，做到了有理论痕迹，尽管比较隐晦。

三、典型论文框架

我们在这里给出的是问题研究型论文的典型框架。一种是问题前置型，另一种是理论前置型。其特征在前文已经阐发过了，不再赘述。

想说明的一点是，这是一种基本架构。所谓基本，意味着在此基础上有多种形式的变体。同时，各个学校之间也存在着很大差别，要求不同，样式自然不同。毕竟，教育部、国家学位办，以及各个专业类教育指导委员会没有给出标准，更没有统一模板。这一点提请读者留意，万不可一把斧头砍三下，不好使，伤人伤己伤斧头。

MPA 问题研究类论文基本结构

一、问题导向型

论文大标题

说明：①内含关键词及其结构关系；②关键词呈现研究对象；③基于研究对象判断选题是否具有公共属性。

第1章　绪论

1.1 问题提出与研究意义

1.2 文献综述

说明：①体量是否足备；②综述形式：罗列、问题结构化、按照自主逻辑夹叙夹议。

1.3 研究内容与研究方法

说明：①研究方法是具体方法；②多方法组合，每一种方法解决特定问题。

第2章 现状与问题

2.1 现状描述

说明：①尽可能用数据图表；②实证调研，指向存在问题提炼。

2.2 存在问题

2.3 成因分析

说明：①基于因果关系探讨成因；②上升到理论层面进行归纳总结，显示理论深度。

第3章 新主张

3.1 是什么？由什么组成？典型特征是什么

说明：①一般表现为机制、模式、策略、方案等；②如果机制、模式等已经存在，需要做的是改善、改进，如果没有，即为新构建。

3.2 理论分析与论证

说明：理论在此使用，而不是在第2章陈列理论基础。

3.3 内生性证据

说明：尽可能导入实证性证据作为依据。

3.4 第三方经验作为佐证

说明：第三方经验惯常用作所谓经验借鉴，这里要用来作为间接性依据。

第4章 新主张实施/落地对策

说明：一定是经过论证确认为真的个人主张落地的对策，有针对性。

4.1

4.2

4.3

……

结论

说明：①析出来的结论就是创新点，3~4条；②用确定性语言给出明晰判断，异于常识，异于他者；③略加展开。

之所以把这个框架定义为"问题导向型"，是因为这类论文在选题上是现实问题。第2章通过描述现状归纳存在问题，然后给出个人的新主张，问题先行。还有一种与此类框架稍有不同的形式，即理论前置型结构。其实，学术硕士论文大体上都是采用这种形式。

二、理论前置型

论文大标题

说明：①内含关键词及其结构关系；②关键词呈现研究对象；③基于研究对象判断选题是否具有公共属性。

第1章 绪论

1.1 问题提出与研究意义

1.2 文献综述

说明：①体量是否足备；②综述形式：罗列、问题结构化、按照自主逻辑夹叙夹议。

1.3 研究内容与研究方法

说明：①研究方法是具体方法；②多方法组合，每一种方法解决特定问题。

第2章 概念界定与理论架构

说明：理论前置型是一种比较高级的论文写法。所谓理论前置是指在论文写作过程中构建一个理论框架，用以统合全文，其功能主要表现为统一全文逻辑：用所构建的理论框架归纳现状中存在的问题，用该理论框架分析问题成因，用该理论框架提出新主张，以及用该理论框架给出对策。

2.1 核心概念界定

说明：共治共享共用的概念不需要重新界定。需要界定的概念是本文在特指意义上所使用的专属概念，以及本文推出的自用的专有概念。

2.2 理论导入及其适用性

说明：导入的理论必须拿来使用，且要对其适用性进行说明性论证。

2.3 理论架构

说明：①来自已有理论，在已有理论基础上进行推展提炼；②由几个语义清晰的判断构成，可能是假设性质的判断，这些判断在后续几章中逐一予以证实，即为结论性创新点；③需要论证给出的几个判断之间的逻辑关系。

第3章 现状与问题

3.1 现状描述

说明：①尽可能用数据图表进行描述；②实证调研，指向存在问题提炼。

3.2 存在问题

   3.3 成因分析

     说明：①基于因果关系探讨成因；②上升到理论层面进行归纳总结，显示理论深度。

第4章 新主张

   4.1 是什么？由什么组成？典型特征是什么

     说明：①一般表现为机制、模式、策略、方案等；②如果机制、模式等已经存在，需要做的是改善、改进，如果没有，即为新构建。

   4.2 理论分析与论证

   4.3 内生性证据

     说明：尽可能导入实证性证据作为依据。

   4.4 第三方经验作为佐证

     说明：第三方经验惯常用作所谓经验借鉴，这里要用来作为间接性依据。

第5章 新主张实施/落地对策

说明：一定是经过论证确认为真的个人主张落地的对策，有针对性。

   5.1

   5.2

   5.3

   ……

结论

说明：①析出来的结论就是创新点，3~4条；②用确定性语言给出明晰判断，异于常识，异于他者；③略加展开。

博士论文

20世纪科学技术发展的一个标志性特征是"大科学工程"问世。迄今为止,它也已成为一个国家科学技术发展界碑式的标识物。在20世纪中期,美国实施曼哈顿工程,开启了一个新时代。其中,美国将拥有大科学工程的大科学实验室,依托于大学进行管理,因此形成的大科学工程组织一体化模式,被认为是美国许多世界一流大学崛起的一个关键因素,同时也快速推动了大科学工程发展。鉴于美国在大科学工程领域获得了独步天下的成功,"十一五"以来,我国便开始谋划依托大学构建大科学工程组织,作为提升大学核心竞争力、培养科研人才和探索世界一流大学建设的"新举措"。

然而,大科学工程作为国家实验室,依托大学而建,与大学已有并且固化的科研组织模式存在着差异,导致"新举措"在实施过程中遇到困境,主要表现为大科学组织与大学的原有组织间发生制度冲突,未能实现预期中本应达成的资源互补。建设大科学工程需要投入海量资源,"新举措"亦已处于全面展开阶段。在此背景下,从治理结构角度研究这种起源于美国的大科学工程组织一体化模式,分析"新举措"

的困境成因并提出可行的解决办法，具有重要的理论意义与现实意义。

这是黄振羽博士论文选题的出发点。这篇论文在写作上有一些典型特征，我们逐项条陈。

论文题目：大科学工程组织的治理结构冲突与演化研究[①]

第一，关于文献综述。

从体量上看，博士论文的文献综述属于中偏大的类型。因为研究的问题，尤其是从现象界提炼出来的理论问题基本上少有人涉足，把这类问题从已有的沉疴败絮中挖掘出来，自然要研习大量资料，一旦找到研究问题，回头一看，已经是荆棘遍地。是故，文献综述体量偏大也在情理之中。

从目前发展势头上看，我们正在弥补与国外先进者之间的差距。但是在管理学领域，包括某些工程技术领域，不得不承认还有一段路程要走。因此，阅读外文资料是每一个做博士论文研究的人必不可少的工作。在这一点上，博士论文的文献综述对象以"外人所为"居多，无可厚非。

做得好的文献综述如何体现呢？体现在，可以把文献综述整理成一篇独立的用于发表的文章。一些像样的杂志还是乐于发表这类位列学术前沿，经过精研而撰的文献综述类文章的。

---

① 黄振羽. 大科学工程组织的治理结构冲突与演化研究［D］. 哈尔滨：哈尔滨工业大学，2015.

第二，关于分析框架。

前面我们就学术硕士论文已经讨论过学理型学位论文的分析框架。博士论文必须是学理型的，即便那些专业学位博士论文，比如，专业博士学位中的工商管理（DBA）、园林学和兽医学等，虽然选题上要求选择生产与工程中的重大实际问题，但最终还是要求在学理上有比较重要的突破。

学理上若有重大突破，体现在文本上，就需要在分析框架上做好功课。郝晓娟的硕士论文就是一种尝试，对硕士论文来说这种做法突破了某些上限。但对博士论文来说，这仅仅是一种起步水平的写作。据我观察，很多攻读博士学位的同学在论文写作过程中卡在这个节点上，延宕很长时间，痛苦连绵。好在，一旦破茧而出，获得的科研能力是十足的，毕业后能够连续产出毕竟是每个学人的期望。

这篇作为辨析对象的论文，通过导入交易成本理论、科层制理论、演化理论和资源基础观等理论主张，建立1个治理结构概念模型，推衍出来3个拆分性的分析框架——理想类型分析框架、演化交易成本分析框架和社会运动分析框架，用以透视大科学工程组织一体化模式。

第三，关于章节安排。

前述已经涉及这个问题。一篇论文只要分析框架建立适当，论文就是整合性的。就像九尺长虫，去首断尾，剔除中间任意一段，蛇亡鳞散胆寒。先看看这篇论文的主体内容设计：

第2章 理论基础与理论构建

2.1 治理结构分析的交易成本理论基础

2.1.1 交易成本理论的基本假设与核心维度

2.1.2 交易成本理论的基本分析框架

2.2 治理结构冲突原因分析的理论基础与理论构建

2.2.1 科层制理论的导入

2.2.2 理论整合与分析框架

2.3 治理结构冲突后果分析的理论基础与理论构建

2.3.1 资源基础观的导入

2.3.2 理论整合与概念模型

2.4 治理结构演化分析的理论基础与理论构建

2.4.1 演化初始条件的理论导入与整合

2.4.2 演化路径指向的理论导入与整合

2.5 本章小结

第3章 大科学工程组织的治理结构冲突原因分析

3.1 治理结构分析的行为假说与基本前提

3.2 内部治理结构透视及其边界划分

3.2.1 大学治理结构

3.2.2 大科学实验室治理结构

3.2.3 治理结构的边界划分

3.3 治理结构冲突原因及其后果推测

3.3.1 治理结构边界缺失与冲突

3.3.2 治理结构冲突的后果推测

3.4 治理结构冲突原因的博弈分析检验

3.4.1 大学治理结构的博弈模型

3.4.2 大科学实验室治理结构的博弈模型

3.4.3 冲突原因的博弈分析结果

3.5 本章小结

第4章 大科学工程组织的治理结构冲突后果分析

4.1 治理结构冲突后果的研究假设与概念模型

4.1.1 研究假设

4.1.2 概念模型

4.2 治理结构冲突后果的实证检验

4.2.1 样本选择与数据来源

4.2.2 变量设置与统计模型

4.2.3 实证结果

4.3 作为冲突后果的资源吸纳机制与资源趋同化

4.3.1 资源吸纳机制

4.3.2 资源趋同化

4.4 消解治理结构冲突及其后果的理论方案

4.4.1 创建治理结构边界

4.4.2 创建治理结构桥接机制

4.5 本章小结

第5章 大科学工程组织的治理结构演化分析

5.1 治理结构演化的初始条件

5.1.1 从小科学到大科学的社会结构转变与制度生成

5.1.2 基于制度生成局限的演化初始条件

5.2 治理结构演化的路径指向

5.2.1 治理结构边界与桥接机制创建的经验事实披露

　　5.2.2 治理结构边界与桥接机制从缺失到创建的历史演进

　　5.2.3 治理结构从一体化模式到混合模式的演化路径指向

5.3 治理结构演化的讨论和启示

　　5.3.1 组织构建的社会结构与制度生成

　　5.3.2 治理结构演化的历史特定性与制度路径依赖

　　5.3.3 一体化模式的历史意义与现代局限

5.4 本章小结

第6章　中国构建大科学工程组织的局限与对策分析

6.1 体制局限

　　6.1.1 中国体制的主导性逻辑

　　6.1.2 治理结构冲突的锁定和强化

6.2 历史局限

　　6.2.1 治理结构演化路径的中断

　　6.2.2 历史特定性与路径依赖

6.3 对策分析

　　6.3.1 基于新历史特定性推进治理结构演化

　　6.3.2 基于独立行政法人创建治理结构边界

　　6.3.3 基于增量改革创建治理结构桥接机制

　　6.3.4 基于社会工程推动社会结构转变和制度生成

6.4 本章小结

这篇文章作者在第2章构建了自己的分析框架之后，接下来第3章从治理结构角度分析大科学工程组织一体化模式的制度冲突，相当于专业硕士学位论文第2章，归纳现状中存在的问题。在第4章中"大科学工程组织的治理结构冲突后果分析"，实际上在讨论问题成因，只不过在这里直接把成因归结为资源吸纳机制。第5章作者仍然在做一件比较有意义的工作，更进一步挖掘"大科学工程组织一体化模式"在制度层面的生成原因，以及下一步走向。这一点与硕士学位论文有很大区别，在因果链上，博士论文需要往前走，抵达"水穷处"，形式上这是论文深度的一种体现，实质上是思维训练的必需环节。第6章与硕士论文，包括专业硕士学位论文一样，无论走多远，最终还是要回到中国情景下的现实问题上，"编筐织篓重在收口"。通过分析早期建在中国科学院名下的大科学工程项目，发现了治理结构上存在着局限，进而提出进行政策选择的可能。

纵观全文结构，本质上全文贯穿的逻辑依然是"构建分析框架—概括存在问题—分析成因—给出对策"。只不过有一些博士论文，就像这篇论文做的这样，表达比较隐晦，实质上未见异变。

第四，关于写法。

大多数博士生培养单位都要求一篇博士论文在内容上要与发表的学术论文有直接对应关系，甚至体现主要创新点的学术论文，要发表在行业顶刊上。这篇范文的第5章是核心，主要内容以"制度吸纳资源：国家实验室与大学关系治理走向"为题发表在《公共管理学报》2015年第3期上。

这项规定带来一个"先有鸡还是先有蛋"的老问题。攻读博士学位是有时限的，在限定的时间内完成具有底线的工作，总不至于写完博士论文，切分成若干块，投稿，等待发表。大家耗不起。先有鸡，再取蛋，肯定不行。那就换一个思路，从谋划"小论文"开始，把发表的论文堆在一起合成大论文即可答辩。有人试过，大多数时候同样行不通，一加一再加一，得出来的不是整数，数字不是问题，"运算符"用错了。其实，比较理想的谋划方式是"谋大做小"。论文开题后，不要急于动笔，先谋后动，需要逐步谋划的是博士论文在构成上必须包含的几大部分，要逐步推敲出来。化整为零，分段围攻，最终合成的可能真是大论文。这种"谋大做小"的方式，开始阶段看似耗时多，后续省力，且易于一气呵成，通过孵化出来一批小鸡把母鸡呈现出来，至于那些蛋，只不过是过程中的产物而已。

当然，在选题上最好不要把大论文（博士论文）和小论文（学术论文）分置几个不同领域，这种"离骨"式的写法"上头"，鸡与蛋分离容易导致神经紊乱。

第五，关于时间安排。

上面提到，攻读博士学位是有时限的。依据小样本观察，博士论文工作由三段时间构成。一段是研读资料阶段，包括实证调研，这一段时间长短因人而异，有的人基础好，历时一年；另一段是写作论文阶段，在准备充分的前提下，一年以内大体上能够完成；再有一段是修改论文阶段，论文草稿初成，要经过一遍又一遍的修改，历经大唐陈氏"九九八十一难"才能走到西天。这个过程是孤寂之旅，修改时要一遍又一遍读给自己听，直到自己听着"耳顺"，还不见得别人听起来"动听"。好在修改过程中有所期盼，就是在等待，等待投出去的论文被采用、被刊出，就像等待婴儿临世一样，翘首以待！

最近听到一个好消息，预计到 2025 年我国年度博士研究生招生人数将突破 15 万，在读博士将达到 70 万。可以预期，后来者如此踊跃，接踵而至，前赴后继，颇感欣慰。应了那句话，学海有岸，岸有灯塔，不要回头，曙光在前！

行文至此，想说的基本上说完了，就此打住。

后 记

大多数高校都要对教师进行考核，尽管不同大学有不同要求。每到年末或者一个聘期收尾，大家诚惶诚恐，就像被放到案台之上等待刀斧之利。虽然做教员历时弥久，毛发大都被磨光，但面对"刀光斧影"，还是揪心、郁闷、胆怯。忙了一年或者一个聘期，竟然没有完成工作量。脸皮薄的，羞赧惭愧；脸皮厚的，坚持夜行。不在乎脸面的，不完成工作量将面临降薪换岗等处罚。只够果腹的几两碎银被断供，戚戚焉！

考核是必需的，否则就会出现懒岗、赖岗问题，不一而足。以往的考核采取定性方式，当然不科学，最后流于形式，进而湮灭。技术发展了，有各种手段被用于查数，把大数据技术用于考核，显然增加了精准性，似乎更为科学。

我在这里无意于抨击数量考核的科学性，而是"唯指标"论处，实际上掩盖了指标背后的含义与价值。有人统计过，博士在读期间发表SCI论文数量多的，博士论文并不见得比那些刚好达标的论文水平高；职称晋升同样要盘点论文数量，多者胜出，似乎没人在乎质量。没有质量支撑的数量就是一组咒语，让人头疼。

更有甚者，"唯论文"论处的一个直接后果是，写书变成了"无用功"，费力不讨好。既然考核指标权重低，放下是理性选择。我同样无意于吐槽这些乱糟糟的怪象，只想回答一个问题，为什么拖了这么久才把这本小册子写出来。确实，在职期间有过写作的想法，权衡利弊后不得不放下，不能因为选择权重低的工作耽误考核所需的工作量。退休了，难得不受考核约束，静下来，把喜欢做的和想做的做出来，心里坦然。

还想在后记里面说明一点，这本书为什么写得这么薄。究实来说，已经到了"江郎晚境"，更何况本无江郎之才，只是匠人一个，无话多说，也不宜多说。这也正好迎合了快餐时代的"吃相"，填饱肚子即可，不问东西。

关于书名有两点需要说明，一个是叫作论文写作，这里的论文大体上是指管理学学科的论文，包括发表在杂志上的论文、学术硕士论文和专业硕士论文，以及博士论文。选题限定在管理学学科，并不是说这本书里面所谈的经验对其他学科没有参考价值，对社会科学，乃至对自然科学和工程技术学科的论文写作也可能会有一些或大或小的参考意义。另一个叫作引论，想表达的是，这里所提供的只是零零散散的一些初步想法，以经验为主，后续可能有更多的学者会写作更为深刻的系统论著，叫作引论是为了引出更多的也更为重要的皇皇巨著。在这一点意义上，叫作引论倒不是自谦，而是期望能够引起更多的学人瞩目这个问题。

后记里面自然要感谢一些曾经帮助过我的人，恕我在此不能尽列名讳。尤其要感谢为编印本书付出辛苦的编辑们，曾经的同行！

  需要感谢的组织自然是曾经学习与工作过的学校——哈尔滨工业大学。少时踏梦来读书，中年归来做"伴郎"。职业生涯最后一程依伴在学校，圆了在母校做教员的梦，幸矣！

  谨以此书献给母校，假如这本不成器的小册子还能算作礼物的话。

2023 年冬至

附录　研究报告

大学科技园的网络本质与战略选择[①]

丁云龙

摘要： 大学科技园已经成为一个凸显的论题方向。成功的大学科技园表现出来的本质特征是"关系的""结构的""无中心的""可扩展的"，并成为具有可扩展性的创新网络。一旦大学科技园发展成创新网络，就能够通过其网络效应、组织协同和"互利共生"机制，推动企业孵化和成长，增加创新型企业的收益，提高资源利用效率，成为创新型企业和创业者最好的"栖息地"。在审视大学科技园建设过程中地方政府和市场、技术和资本、企业和网络组织之间关系的基础上，把这些

---

① 科技部国家软科学研究计划项目：区域创新网络与大学科技园的创新主体的功能定位（2001DG000035），课题结题后研究成果已经上报。

关系放在体制构架中理解,建议大学科技园建设应坚持政府打造网络通路、网络富集创新要素和资本"追逐"高新技术的战略原则。

关键词:大学科技园;创新网络;网络效应;战略选择

一、问题的提出

据科技部高新司统计,自1999年科技部和教育部开展国家大学科技园试点工作以来,我国大学科技园蓬勃发展。目前,经认定的国家级大学科技园有22家,启动建设国家大学科技园的单位有21家。据不完全调查,截至2002年10月底,全国43个大学科技园,共依托104所高等院校和研究机构,占地总面积近58000亩(38.67平方千米),已投入使用的孵化场地面积227万平方米。共有入驻企业5500多家,2001年销售收入579亿元,利润53.6亿元,2002年可望实现销售收入690亿元。在孵企业总数2276家,累计育成企业923家,其中已上市企业29家。园内在孵化企业累计转化省级以上科技成果1860项,获批专利1923项,开发新产品4116种。在孵企业职工总人数72800多人,其中本科及以上学历职工43100多人,留学人员1334人。此外,园内已设立各类研究开发机构1200多家。在43个大学科技园中,有26个位于国家级高新区内,另有2家部分在国家级高新区内。

在短短四年的时间里取得这样的成绩值得称赞。但需要正视的是,我们与国外的一些成功园区还是有差距的。

首先,我们不能只看我们依托了多少所大学,建设了多少个园区,孵育了多少企业,开发了多少产品,完成了多少产值。对大学科技园来说，更重要的是要看园区内企业的国际竞争力——它们开发的具有自主知识产权的产品实现了多大的市场覆盖率，更要看园区本身在区域经济体系中发挥的作用——它在多大程度上提高了区域性产业结构的水平和产业竞争力。从我们调查的实际情况来看，在这两方面我们还无法与硅谷相比，缺少能够参与国际竞争的著名品牌，缺少配套成链的产业技术优势。①

其次，从投入的角度看，高技术产业中的创新，需要投入双向资源：一方面，是新的技术成果和人才；另一方面，是以风险投资为主的创业资本。从团队调查的情况来看，我国现有的大学科技园，尽管技术和人才资源相对而言还算丰裕，但其所需的风险资金普遍不足。资本市场的相对滞后，不仅是大学科技园区，而且是整个高新技术产业园区发展的瓶颈。这个问题不得到解决，将制约园区的未来发展。

大学科技园区最为成功的范例，莫过于由斯坦福大学工业园发展起来的硅谷了。到1999年年初，总部在硅谷的上市公司的资本市值就达到7430亿美元，而华尔街上市公司的资本市值为5140亿美元。硅谷公司平均每个雇员为公司带来11.5万美元的增加值，五分之二的硅谷公司年增长率达到20%以上。这些都不是我们在短期之内能够达到的。

特别值得注意的是，在我们建设大学科技园的热潮中，面对硅谷的成功，出现了争建中国"硅谷"热的现象。一些省市纷纷提出在未来的5到10年的时间里建成"中国硅谷""华中硅谷""西部硅谷"和

---

① 台湾新竹工业园区采取"引进—消化—出口"战略，到20世纪90年代中期才进入以研发为主的阶段。到1997年，有几种产品在世界上已经占有重要份额，比如，个人电脑产值居世界第二位，集成电路居世界第四位，扫描仪占世界市场的94%，显示器占70%，鼠标占80%以上。

"北方硅谷"等目标。借鉴硅谷的成功,在中国建立"硅谷",无疑是一种融入了追求卓越理念的选择。硅谷发源于斯坦福大学的工业园,从工业园到硅谷历经近半个世纪的时间,几经起伏跌宕,演化为今日雄居天下的态势,其中包含着可以借鉴的经验,更包含着不可简单移植的内容。对此,有的学者已经提出如果离开制度建设和价值观改造,"硅谷不可复制"。作为一起复杂的社会历史事件,硅谷为什么成功,它的成功是否真的如同马歇尔所说"秘诀飘荡在空中",复制硅谷的天真和热忱,是否也源于我们认识上存在着误区?

大学科技园是包含着多种发展可能性的创新空间。即便是在美国,也不是所有的高科技园区都取得了如同硅谷一样的骄人成就。为什么只有硅谷才获得如此成功?可谓仁智两见。大学科技园的实质在于它依托大学,构成区域经济的内在组成部分,并可成为区域经济重要生长点的区域创新网络[①]。作为区域创新网络,硅谷也是在网络关系中发展起来的。其中,涉及地方政府与大学科技园的关系,大学与大学科技园的关系,以及企业与大学科技园的关系等。在这些关系中,地方政府如何界定其在大学科技园发展中的作用,涉及大学科技园能否长大的问题;大学如何摆正其在大学科技园中的位置,涉及大学科技园怎样长大的问题;创新型企业如何应对大学科技园内网络关系,决定着大学科技园能够长多大的问题。

在实践中,对于这样几个层面的问题是存在着不同的认识和理解

---

① 参见基于本项目研究发表的另外两篇论文:①关士续. 区域创新网络在高技术产业发展中的作用:关于硅谷创新的一种诠释[J]. 自然辩证法通讯, 2002(2):51-54,30-95;②刘丽莉,关士续. 硅谷创新网络形成过程的历史考查[J]. 自然辩证法研究, 2002(12):13-15,42.

的。比如，大学科技园依大学而建，抑或由大学衍生而来，大学便天然地成为科技园的上级管理机构，模糊了大学与大学科技园的边界；大学科技园内企业发展一味追求"高、大、全"，无视创新网络的网络价值等。这些问题的存在迫使我们首先要检讨认识上是否存在问题，因为这些问题是关系到大学科技园能否长大、怎样长大以及能够长多大的问题，而不是简单的创建多少个大学科技园的问题。针对这些问题，通过比照硅谷及其他科技园发展历程，从中提取出有价值的认识，对于我国43个大学科技园建设和进一步发展是有所裨益的。

二、影响大学科技园建设的认知问题

大学或地方政府在大学科技园建设和发展中发挥了重要作用，这一点有目共睹。

地方政府投入大量资金用于大学科技园建设。这种情况不是"个别现象"，而具有一定的普遍性，这就使我们认识到它是由更深层次上的一些认知问题所造成的。受"行政情结"左右，地方政府在大学科技园建设中职责模糊；受"管理情结"支配，大学"越界"，把大学科技园建设为有悖于创新网络本质的科层组织；受"高、大、全情结"影响，园区内创新型企业无视创新网络的价值。因此，只有清理这些障碍性情结，转换认知理念，才能够做出科学决策。

（一）"行政情结"与政府的角色定位

长期以来，我们一直采取"两弹一星"的模式发展高科技。政府制订计划，针对所提出的项目，集中人、财、物力进行攻关，然后指定企业从事技术转化和实际生产工作，正如习近平总书记所指出的："我们最大的优势是我国社会主义制度能够集中力量办大事。这是我们成就事业的重要法宝。"①

在技术基础薄弱和资源极度稀缺甚至匮乏的条件下，由国家动用资源、配置资源并集中资源做大事，无疑是一种稳妥的现实选择。事实上，这种成功的模式在历史上起到过积极的重要作用。长期发展下来，形成了科学技术活动中的"行政情结"。

就技术研发而言，以赶超作为一种政治目标，政府比较容易通过借鉴成功者的经验，掌握足够的信息，将资源集中投入指定的目标，实现赶超是可能的。然而，现代技术毕竟是一种集群性的复杂技术，创新是在更多的不确定性中完成的。没有不确定性，也就从根本上清除了创新。特别是大学科技园要进行的技术创新，这并不是一个技术学概念，也并非一种纯技术活动，而属于经济学范畴，它是一种面对市场，由经济实体开展的经济活动，配置资源要依靠市场机制。

在"行政情结"支配下，我们逐渐形成了一种从科学到技术再到经济的线性思维模式，以为在"科学—技术—经济"这条链条上，只要加大科研投入，就能够产生一流的成果；只要将科研成果应用到生产中去，就可以创造经济效益。我们以为科学一旦被应用就能够创造经济效益，由此便对作为"技术源"的大学产生了一种不切合实际的"预期"。不仅如此，"行政情结"还在很大限度上滋生了配置资源的某种群体意识："有困难，找政府。"

大学科技园发展具有自然自发性，类似于哈耶克所说的一个"自我生成系统"（self-generating system），系统内部力量的互动创造出一

---

① 任平. 集中力量办大事——坚定我们的制度自信[N]. 人民日报, 2019-10-27.

种"自生自发的秩序"(spontaneous order),或叫作"自发秩序"。这种自发秩序源于系统内部的要素共生,不同于借助某种外部力量确立起来的人为的秩序。自发秩序不是人类设计的产物,但属于人类行为的产物。以硅谷为例,硅谷的前身的确是斯坦福的工业园。但斯坦福大学当年建立斯坦福工业园,只是拿出学校闲置的土地出租以便筹集学校的发展基金,当然,同时也是为了鼓励教师与学生进行创业。它之所以能够演化成为今天的硅谷,乃是二战以来特别是20世纪五六十年代以后,一系列经济、社会乃至政治的条件与科技发展综合作用的结果。即便是被奉为"硅谷之父"的特曼,试图在美国"复制硅谷"也未能获得成功。原因即在于硅谷的成功先是来自系统内部特别是经济系统内部的某种自发力量。

硅谷不仅发源于一种自发秩序,还是一种扩展性演进秩序。哈耶克在其晚期的一部著作中提出扩展秩序(extended order)概念。扩展秩序的含义主要是:非人为设计的自发秩序是人类行为的产物,它融入了无数个体的分散知识,这个秩序是可以不断扩展的。哈耶克在此之前一直使用的是"自生自发的秩序"这一概念,后来强调秩序的扩展性,因而改用了扩展秩序概念。一种秩序虽然可以自发,但是停滞不动,就是一种静态的存在,是一种缺少发展前景的存在。因此说,大学科技园不仅是具有秩序自发性的创新网络,其秩序还要具有很强的可扩展性。唯有如此,大学科技园才具有演进的生命力。

(二)"管理情结"与创新网络的本质特征

我国大学科技园大都依大学而建,大学科技园主要由大学出资、出地、出人建设,在行政隶属关系上自然就成为大学的二级单位。大学科技园的管理人员由大学来任命，管理科技园要遵从并执行大学指令。大学科技园便成为与大学一样的"事业单位"，由大学来管理。逻辑上便形成了大学是科技园的领导者，科技园是园内创新型企业的领导者。

那么，大学与大学科技园应是什么关系，大学科技园的有效组织形式又应是什么呢？要回答这些问题，并不在于依据某种理论框架，给出某种理想设计。因为，大学与大学科技园关系界定的基础在于大学科技园的成效，而有效的组织结构常见于成功的案例之中。

硅谷与斯坦福大学的关系发展史可以分为两个阶段。第一个阶段发轫于20世纪50年代，特曼教授提出用斯坦福大学大量闲置的土地建立斯坦福工业园，以出租土地的形式招徕厂商，并鼓励斯坦福大学师生租用土地创业。并且，特曼于1953年创立的"合作荣誉研究项目"，使当地的企业能够派其工程技术人员作为兼职学生到斯坦福大学接受继续教育。这一举措"加强了公司与大学之间的联系，使工程师们既能同最新技术保持同步，又能建立专业联系"[1]。伴随着硅谷的发展和逐渐成熟，斯坦福大学逐步建立了大约50个研究中心，从而开启了斯坦福大学与硅谷关系史的第二个阶段。斯坦福大学设立的研究中心虽然需要经过大学管理部门批准，但是大学不直接干预他们的决策过程和日常工作，他们在斯坦福大学与硅谷之间所起的作用是：

①通过教授或研究者与企业界已建立的关系网络，研究中心吸收硅谷的公司加入，从而强化了大学—产业界的协作；

②通过教师与成员公司围绕会员项目展开协作，研究中心成为斯坦

---

[1] 萨克森尼安. 地区优势：硅谷和128公路地区的文化与竞争[M]. 曹蓬，杨宇光，等译. 上海：上海远东出版社，1999：26.

135

福最新信息流向产业界的渠道；

③研究中心为斯坦福社区的研究者提供资助机会，尤其资助研究生从事前沿研究；

④研究中心为大学研究者提供的开发自己的想法或将其商业化的手段，研究者和教师能够合法地从事高等教育机构通常很难做到的应用知识研究。

无论在哪一个阶段，斯坦福大学作为社会法人始终都没有直接参与工业园或硅谷的经营管理活动，而是通过"中间组织"发挥自身作用，并借此形成了大学技术产业化的有效通路。虽然大学之于大学科技园具有不可替代的重要作用，但这种作用主要是为作为创新网络的大学科技园不断提供其所需的高品质的创新要素，成为大学科技园可以依托的人才源、技术源、知识源和信息源。大学的主业仍是培养高级人才和创造科技成果，并使其质量不断提升。大学过多地介入市场和经济活动，不仅会有悖于其真正的社会使命，而且也无法发挥它对大学科技园所应发挥的作用。因此，大学科技园不能靠大学来"办"，更不能靠大学来"管"，二者之间的关系主要体现在大学科技园作为创新网络的网络结构之中。

大学借助一些"中间组织"与大学科技园建立起有效的关系，意味着大学不能凌驾于大学科技园之上，必须置身于"知识场"，而不能进入市场，由此界定了大学与大学科技园的边界。那么，置身于市场的大学科技园本身当采取何种组织形式呢？

硅谷的成功证明了大学科技园的有效组织形式是一种创新网络。所谓创新网络，通俗一点说，就是在特定空间条件下，行为者基于创新活动建立起来的"关系网络"。卡隆认为网络不能脱离行为者（actors，组织或个人）以及行为者建立起来的关系而独立存在，"一个技术—经济网络是由不同的行为者集合而成，这些行为者共同参与概念形成、开发、生产、分配以及生产产品和服务过程中的其他环节，其中某些行为者之间形成市场合约。在这种情况下，行为者的行为可以把握，技术与产品的某些演化路径易于表征出来。也就是说，在行为者构成的技术—经济网络中，能够涌现出复杂的战略，大量创新不期而至。这些行为者还可以分为更多的小网络，他们或多或少地参与其他网络"[1]。从网络的构成角度看，创新网络是由包括企业、技术研究中心、用户、利益相关者、金融机构以及其他中介组织等组成的协作集合。

由此形成的网络特性有：第一，创新网络是"关系的"。因为某些类型的链接把行为者汇聚在一起形成某种依赖关系，这种关系既表现出紧密程度，又体现出具体内涵，比如，信息内涵利益内涵，以及友谊内涵等。就关系紧密程度而言，又可以把创新网络分为"强关系网络"和"弱关系网络"，而按照缔结关系的内涵，又可以把网络分为"正式关系网络"和"非正式关系网络"等。第二，创新网络是"结构的"。因为"关系"汇聚在一起形成某种结点，这些结点反过来比其他类型的结构更容易促使行为者建立起链接关系。比如，硅谷的"亚裔同乡会"之类的非正式关系，在创新网络中就起着重要作用。在网络关系缔结的虚空之处，存在着"结构洞"（Structural Hole），即网络中的行

---

[1] CALLON M. The dynamics of techno-economic networks [M]//COOMBS R, SAVIOTTI P, WALSH V. Technological change and company strategies: economic and sociological perspective. London: Academic Press, 1992: 73.

为者与某些个体发生直接联系，不与其他个体发生直接联系。结构洞的存在，使得处于两者链接状态的第三者拥有信息优势和控制优势。由此导致的竞争优势不仅表现为资源优势，更重要的是建立并维持关系优势，因而维持结构洞的存在，成为一种竞争策略。第三，创新网络是"无中心的"开放性组织。与科层组织不同，网络中的企业之间、企业与其他组织之间的联系是多层次、多角度、多孔状的。企业在竞争中相互合作、相互学习，共享实践经验，共同面对迅速变化的市场与技术，而不像科层组织那样，在克服组织刚性中寻求发展。第四，创新网络是"可扩展的"。界定创新网络的主要依据首先是一种关系网络的内在秩序的属性，如果关系网络建基于一种行政秩序，那么就会因为缺少创新特性在本质上不能成为创新网络，而建基于市场秩序关系网络成为创新网络的必要条件；其次，建基于市场秩序的关系网络，如果其内在秩序不具有可扩展性，那么这种网络就会因为缺少演进的动力而不能发展成创新网络。

　　大学科技园作为关系网络，如果具有"关系的""结构的""无中心的"和"可扩展的"特性，那么它就能够转变为创新网络，在组织绩效上就能够改变克里斯滕森所说的科层组织不情愿改变其核心技术和组织结构，拒绝变革，最终使自身陷入窘境的趋向，而真正成为萨克森尼安所说的"以地区网络为基础的工业体系，能促进各个专业制造商集体地学习和灵活地调整一系列相关技术……在网络系统中，公司内部各职能部门界限相互融合，各公司之间的界限和公司与贸易协会和大学等当地机构之间的界限也已打破"[①]。

作为创新网络,大学科技园实质上是由特定的技术网络、社会网络和交易网络在大学周边集聚而成的网络组织。技术网络主要是由参与创业的大学师生及其他研究人员基于高新技术产业化而形成的网络结构;社会网络是由行业协会、咨询机构、非正式组织等中间组织组成的网络结构;交易网络是由风险投资机构、银行、会计师事务所、审计师事务所、律师事务所、税务事务所、公证和仲裁机构、资产和资信评估事务机构及其他交易性组织组成的网络结构。技术网络与大学紧密相连,保证高新技术及时"入园",并在一定的专业化技术分工前提下,通过技术联盟、结成项目公司等形式,保持技术领先优势,从而构成大学科技园知识生产和信息交流的根基;社会网络是企业与市场之间的"中间组织",起着网络通道的作用,为技术、信息和人力资源快速流转和有效配置提供有效保障;交易网络能够使技术、资本和人力资源充分融合,具有整全性功能,提高资本追逐技术、雇佣劳动的效率,交易网络的秩序性扩展构成了大学科技园演进的动力。大学科技园内技术网络、社会网络和交易网络"三网"集成,构成了园区的主体架构。

大学科技园除了技术网络构成外,还有社会网络构成和交易网络构成,因此,大学科技园在本质上不是行政组织,而是面向市场的网络组织。社会网络和交易网络是某种中介,在市场、企业和地方政府之间传递信息,维护市场关系。社会网络是信任体系的基础,是自下而上自发生成的。比如,策略联盟、行业协会等社会网络组织,都不是地方政府

---

① 大卫·波维特,约瑟夫·玛撒,R·柯克·克雷默. 价值网[M]. 仲伟俊,钟德强,胡汉辉,译. 北京:人民邮电出版社,2001:6.

强制组合而成的，并且他们都是竞争开放的；交易网络建基于市场机制，维持市场秩序的正常运转，使得技术与资本充分融合，资本与人力资源充分融合，从而造就了技术、资本和人力资源"三位一体"。交易网络本质上是一种交易秩序，为高新技术产业化提供秩序结构，因而也提供了高新技术产业化的组织化通路。因此，是否具有交易秩序关系到大学科技园能否成功，交易秩序能否扩展则决定了大学科技园能否发展壮大。

（三）"高、大、全情结"与网络效应的价值

硅谷是高新技术企业的栖息地，更是高新技术企业的孵化器。它的成功迫使我们必须重新审视园区与创新型企业的关系，即创新型企业在园区的孵化过程中如何看待技术水平的高低问题，如何正视企业规模的大小问题，以及如何对待企业的专业化分工与垂直一体化问题。

一直以来，在我们的观念中，搞企业就要攀高求大，求全做大。事实上，在一些情况下，由组织配置资源，确实可以把企业做大做全，并能够解决一些关系到国计民生的重大问题。"求高、求大、求全"是事物发展的一种内在趋向，但在我们的企业发展观中，不能成为一种纠缠不开的"情结"，尤其是置身于大学科技园中的创新型企业更要化解"高、大、全情结"。

大学科技园内的技术是否越高越好、越新越好？一般说来，大学科技园是高新技术的孵化器，似乎是技术越高越好，越新越好。但是不可否认的是，技术水平的高低是相对现实的技术应用基础而言的，脱离了现有的产业技术系统一味地求高，与产业技术系统不匹配，便很难得以应用，那么这种"高"就不好说了。事实上，大学科技园中的高技术是处于产业化过程中的技术，如果不能与产业技术系统充分融合匹配，

则意味着有可能终止产业化过程,创新型企业将面临创业失败。从硅谷的经验来看,创新性技术不仅来自科学研究的前沿,还包括很多不同的、能够解决问题(problem-solving)的技术知识。也就是说,创新型企业仅仅依靠顶层的研究与开发还不够,还需要有解决实际技术问题的新办法。在理论上,约瑟夫·熊彼特把创新理解为"生产要素的重新组合",这意味着创新既包括前沿成果的产业化应用,又包括已有技术的重新使用或组合,即新技术的"新"不仅是刚刚问世的"新",还是将原有技术"新用"的"新",二次创新即其中一种。

为增强综合国力,发展规模经济,建立大型企业集团是必要的,但是,大学科技园中的创新型企业,尤其是大量的新创立的企业,主要处于"襁褓"阶段的企业,在孵化期内需要历经一个由小到大的发展过程,不宜在成长期就"上规模"。同时,此阶段的创新型企业更不宜全方位展开,追求垂直一体化,而是应在专业化分工的某一个"点"上做精做强。在硅谷存在着大量的"技术外包"(technology outsourcing)现象就说明了这一点。所谓技术外包,是指创新型企业将一些技术上重要但非核心的业务委托给其他企业完成。技术外包是创新型企业基于自身技术优势和技术分工要求而采取的一种战略性行为。事实上,创新型企业恰恰是立足于自身技术优势,在技术分工的基础上,才能够在创新网络中占有一席之地。因而,创新型企业需要化解"高、大、全情结",专注于"专、精、强"。

大学科技园中的企业是网络关系中的企业,企业的创新活动是在网络关系中展开的。也就是说,企业的创新活动不是孤立的,创新要素的供给和配置都是基于网络进行的。加拿大学者德·布雷森认为:"创新网络是理解当前所有经济活动的关键环节。关于创新活动的典型调查显示，工业化国家有50%的企业每3年内都引入新的或改进的产品和工艺，与熊彼特的创新理论遗产不同的是，创新不再是突发行为，更不是史诗般的伟业，而是在很大范围内有大量经济行为者参与的一种广布的活动，它出现在每一天的经济活动中，并成为经济活动的中心环节。由此导致的企业之间的网络是大量创新型企业必需的。因为在任何创新性经济体系中，组织之间的网络协同至少占据经济生活的一半之功。"①

大学科技园作为创新网络之所以有助于企业的创新活动，主要在于：

首先，创新网络的网络效应增加创新型企业的收益。置身于创新网络中的创新型企业不仅能够得到自足的价值，还能够得到网络赋予的价值。一般说来，网络效应是指行为者从网络中获得的额外的福利变化。比如，电话，当两部电话联网时，使用者便可获得自足的价值，而一旦电话普及，使用者在与其他入网者的交往中就得到了增加的价值，这一部分福利变化就是网络效应。在创新网络中，创新型企业与大学、研究机构、银行、风险投资机构、非正式组织以及其他企业的链接关系越多，从中受益的机会与可能性就越大；同时，创新网络的结点越多，引发创新型企业福利变化的网络效应也就越强。

其次，网络效应来源于组织协同，协同提高资源利用效率。所谓协同，在战略管理学家安索夫看来，协同的经济学含义是整体的价值大于部分之和。协同理念所表达的含义在于，组织在相互适应过程中通过信

---

① DE BRESSON C. An Entrepreneur Cannot Innovate Alone, Networks of Enterprises Are Required: The Meso Systems Foundation and of the Dynamics of Technological Change [C]. Denmark: DRUID Conference on Systems of Innovation, 1999.

息、物质和能量交流，产生放大效应，使得协同过程不是简单的线性叠加，而是要创造出新内涵。因为，对网络来说，只要在某些结点上注入资源，资源就会按照网络路径传输到另一个结点，并引起一连串变化。也就是说，网络固有的乘数效应（multiplier effect）使得所投入的资源，经过网络传输，效应逐步递增；同时，网络本身还存在着再循环效应（recycling effect）。所谓再循环效应，是指一种资源被投入网络中，必将引起其他资源变化，其他资源的变化又将引起另一种资源的变化，如是反复，都是建立在网络结构基础之上的，即网络效应创造了非线性的规模收益。由此可见，创新网络作为一种结构性关联方式，基于乘数效应和再循环效应的作用，有助于创新型企业在组织协同过程中，能够有效利用网络资源，导致收益递增，为创业成功准备组织上的条件。

最后，创新网络基于"互利共生"机制，一方面有利于企业孵化，另一方面推动大学科技园的演化。作为一种普遍存在的生物现象，共生是生物间存在的一种十分重要的相互联系。从利害相关角度看，共生方式大体上可以分为三种：互利共生——对相互作用、相互联系的各方都有利；共栖——只对一方有利，但对另一方无害；寄生——对一方有利，对另一方有害。在三种共生方式中，互利共生是生态系统中最重要的种间关系，比如，一方的产物是另一方的营养。互利共生是一个自催化系统，是一系列循环互相连锁的反应系统。一个自催化系统可以在原反应中对至少两个组分有利的条件下，通过增加新的循环途径达到新的复杂水平。也就是说，互利共生能够开拓新生境，创造新的生态系统，并维持生态系统的运转。作为一种组织规则，互利共生是生物组织形成与发展的主要动力，而且控制着生物的生存与繁衍。

在一定意义上，互利共生表征的是一种互利共存的依赖关系，这种关系的产生和发展能够使组织朝更有生命力的方向演进。而任何无效率或不稳定的组织，大都因为违背了互利共生法则，由于能量内耗而走向衰亡。借用生物学隐喻来说，大学科技园作为一个生态系统，是一个富集了多种异质创新要素的共生体。大学科技园内企业处于孵化期，类似新生境的发源阶段，借助其他共生单元的相互补充、相互促进，创新要素相依相生、共生发源；在成长阶段，创新网络内相互作用的创新要素相互依存、相互适应、相互匹配，进而形成共生演化的态势。其结果是既有助于企业创业，又通过增加创新网络的复杂性而扩展了大学科技园的演进秩序，进而推动了大学科技园深入发展。

综上所述，建设大学科技园的认知理路是克服"行政情结"，推动大学科技园作为创新网络自发演进，并且强化自发秩序的可扩展性；克服"管理情结"，发挥大学科技园创新网络功能；克服"高、大、全情结"，坚实发展。

三、政策建议

办好大学科技园，最为重要的是以下三点：政府建设网络通路，奠定创新网络基础；网络富集创新要素，充分发挥网络效应；资本"追逐"高新技术，发挥风险资本的作用。

（一）政府建设网络通路，奠定创新网络基础

斯坦福大学亚太研究中心主任亨利·罗文教授在《靠天赋还是靠战略》一文中提出，美国硅谷的崛起并非依靠任何先天性的禀赋条件，而是靠战略上建立一套"硅谷体制"使得技术和市场更青睐于硅谷，

才塑造了硅谷优势的。而"硅谷体制"的建立，离不开联邦政府的作用，"政府主要通过建立有利于创业精神的制度这种间接方式推动了美国计算机工业的发展"①。他认为，在硅谷建设过程中，"联邦政府履行了三种职能：公司运营规则的制定者；公司产品的购买者；研究工作和系统早期开发的资助者。制定规则这一间接的角色可以被认为是比直接采购和资助更加重要的推动要素"②。比如，联邦政府在1978年把最高资本利得税率从49%降低到28%，1981年又降到了20%，同时采取即时而非固定的税收制度，因此使得风险投资行为异常活跃，提高了高新技术产业化的速度；允许风险投资公司的一般合伙人出任所投资企业的董事会成员；限制有限责任合伙人对其投资的责任；不对合伙关系征税；建立旨在促进企业财务数据透明化的会计制度；通过破产法案，使得创业失败企业的创业者不至于因为负担过重而无法重新创业；在公开交易市场中挂牌上市的公司可以没有历史收益记录；为鼓励创新，修改专利制度，增强知识产权保护等。联邦政府通过这些制度安排，有效地促进了硅谷的发展。

（二）网络富集创新要素，充分发挥网络效应

在美国计算机产业发展史上，产业中心几度转移。在大型机时代，计算机产业中心是围绕纽约州的IBM研发中心和生产工厂建立起来的。当小型计算机出现的时候，虽然产业中心依然在东北地区，IBM仍然是

---

① DE BRESSON C. An Entrepreneur Cannot Innovate Alone, Networks of Enterprises Are Required: The Meso Systems Foundation and of the Dynamics of Technological Change [C]. Denmark: DRUID conference on systems of Innovation, 1999.

② 亨利·罗文. 靠天赋还是靠战略：技术和市场为何青睐硅谷 [M] // 李钟文，威廉·米勒，亨利·罗文等. 硅谷优势：创新与创业精神的栖息地. 北京：人民出版社，2002：211-228.

主要供应商，但波士顿128公路沿线地区出现了DEC、通用数据和王安电脑公司，惠普则发迹于美国西部。随着微型计算机尤其是网络计算机的出现，产业中心逐渐西移，先是在华盛顿州，经过得克萨斯州，最终落足硅谷。在这条产业迁徙链上，硅谷成为计算机产业中心，成为创新与创业的"栖息地"。惠普、英特尔、苹果、太阳微系统、硅谷图文、Applied Materials、思科、甲骨文、网景、雅虎等公司聚集在一起，是因为硅谷作为创新网络富集了创新要素：富于创新精神又熟悉最新科技成果的年轻的创业者；熟练的可以自由流动的劳动力资源；经验丰富的风险资本家；作为创业精神、新创意和新技术培训基地的大学；广泛传播的密集性知识；最终产品的生产商和销售商等。这些创新要素在畅通的创新网络中自由流动，使得网络处于活化状态。因而，硅谷成为美国甚至世界计算机产业中心并非偶然。

如前所述，大学科技园作为创新网络，是由富集创新要素的技术网络、社会网络和交易网络"三网"集成的网络组织。网络内创新要素的大量集聚，是网络通路通畅的必然结果，也是创新网络有效的最好证明。创新要素不仅要在网络内大量集聚（甚至会出现"冗余现象"），而且要具有足够的多样性和可选择性。这些是把大学科技园建设成创新和创业栖息地的必要条件。就创业而言，创新网络内含交易网络，可以弥补企业家交易能力的不足；成熟的社会网络和交易网络，可以提升新生企业的声誉，使它们能够从大学、风险投资家和销售商那里获取关键性资源；企业家、知识和熟练劳动力在网络内富集，为创新资源组合提供了丰厚的基础；组织之间的协同可以创造出领先优势和成本优势；交易通路的可选择性增加了创新的灵活性；多样化的创新要素为新生企业提供了最佳选择的可能。同时，这也就是大学科技园能够诱致企业家"入园"创业的动因。

事实上，国内大多数大学科技园内的创新要素不仅远远未达到硅谷那样的密集和多样性，而且还普遍存在着结构性的失衡。比如，过于倾向技术网络建设，无视社会网络和交易网络的功用，导致技术人才相对较多，创业型、管理型人才和中介经纪人缺失；技术信息相对较多，但缺少市场信息；相对于人才和信息，极为缺少的则是创业资金，尤其缺少民间风险资本的支持。

（三）资本"追逐"高新技术，发挥风险资本的作用

风险资本在硅谷发展中起到了举足轻重的作用。约翰·迪恩（John Dean）把硅谷比作一个生态系统，风险资本就像氧气、水和养分一样，是硅谷不可缺少的"原料"；托马斯·赫尔曼（Thomas Hellmann）提出，如果说创业者是硅谷的运动员，那么风险资本家就是教练，他们选择参赛的运动员，指导并鼓励他们，为他们的成功创造有利条件。风险资本之所以能够在硅谷蓬勃发展，与硅谷作为创新网络是分不开的。投资要选择成长性好的项目，要选择好的创业者，要选择好的技术，而硅谷恰恰富集了这些创新要素，使得资本成功地追逐高新技术成为可能。

就技术而言，风险投资是高新技术发展的衍生物，而不是对立元素。这是由现代高新技术产业化过程中所具有的高投入性、高风险性和高收益性决定的。因此，与传统企业不同的是，对处在创业阶段的高新技术企业来说，产品研发难度更大，市场不确定性更强，资金需求量也更大，而创业成功率却更低。这些因素决定了高新技术企业在初创期盈利的可能性小、风险性大，一般商业银行大都不会将其作为投资对象，

由此才需要另外一种形式的资本支持。也正是这样一个环节，在硅谷，资本追逐高新技术获得了成功。硅谷成为风险资本这种有别于其他形式的金融资本的最为成功的"英雄用武之地"。

风险资本的存在，显示出现代高新技术的发展与资本对超常利润的追求日趋一体化的态势。基于风险资本所形成的新型的"技术—资本"结构关系，意味着技术创新过程就是资本运营的过程，是一个技术与资本紧密结合、相互依存、相互促进、共同发展的动态过程。因此，以创新和创业为主旨的大学科技园不能脱离风险资本而独立发展，而是要促进资本与技术充分一体化，建立一套完善的资本追逐高新技术的机制，其中的关键环节是：

①政府采取一定的减免税政策，鼓励民间资本进入风险投资市场。目前，我国支持高新技术产业开发的资金主要来自银行贷款，而且贷款期限一般为 1~3 年。风险资本不足，已经成为严重制约着高新技术产业化的瓶颈。在既缺少风险资本又缺少风险投资退出渠道的条件下，通过减免税政策，鼓励民间资本进入风险投资业，成立股份制、合伙制或独资的"高新技术风险投资公司"，是促进高新技术与风险资本迅速融合的途径之一。

②针对目前高新技术界定不力、封存不妥，易于引起纠纷的局面，成立高新技术的认证、评估和有效封存机构已成为当务之急。我国尚无专业的知识产权评估评价体系，技术持有人动辄宣称"国际一流，世界领先"等，开价离谱，影响了风险投资介入；在风险投资介入的项目中，属于非专利性质的技术诀窍，大都装在技术持有人的脑子里，技术产业化一旦出现问题，风险投资方就很难止损，对技术持有人则没有

制约。因此，对这类技术寓存的空间进行限定，类似可口可乐公司把"可口可乐配方"存放在瑞士银行的保险箱里进行"封存式保护"的办法，是非常重要的。

③基于竞争机制，加速建立风险投资家市场。在民间资本投入不足的条件下，各级政府不得不设立风险基金。政府所有或控股的基金起到了引导和催化的作用，但是由于所有者缺位，在一定程度上削弱了投资者筛选风险投资家的动机，加剧了民间资本与风险资本的"疏离"。如果没有风险投资家通过业绩筹集资本，从而实现资源优化的竞争机制，就不可能吸引民间资本转向风险资本。况且，缺乏竞争、缺少优胜劣汰机制的风险投资业，将导致大量资本落在"次优"或"不优"的风险投资者手里，造成资源浪费和行业不景气。风险投资家是风险投资市场上最为关键的"网络行为者"，是连接投资者与企业家的纽带。建立一个竞争性的风险投资家市场，可以使风险资本流向优秀的风险投资家，提高资本追逐高新技术的效率。

综上所述，在中国大学科技园建设中，转换认知理念，政府倾力建设网络通路，从根本上培育并造就技术网络、社会网络和交易网络的基础。唯有如此，才能够凭借"三网并行""三网集成"，把大学科技园建设成在区域经济发展中能够充分发挥作用的创新网络；大学要摆正位置，守住边界，"推倒围墙"，让创新要素流入作为创新网络的大学科技园中，使得网络富集创新要素，充分发挥网络效应；通过风险资本市场建设和风险资本家市场建设，并对高新技术进行科学合理的认证、评估和封存，促进高新技术与风险资本的充分结合，才能够提高资本追逐高新技术的效率，进而推动创新型企业快速成长。